100년 후에 다시 읽는

# 독립선언서

100년 후에 다시 읽는

# 독립선언서

조성일 지음

창해

# 시대가 독립선언서를 부른다!

"오등은 자에 아 조선의 독립국임과
조선인의 자주민임을 선언하노라!"

'기미독립선언서' 첫머리다. "차로써 세계만방에 고하야……"로 이어지는 이 기미독립선언서는 자주독립을 쟁취하려는 우리 민족을 하나로 묶어내는 구심점이었다. 들판에서 시장에서 광장에서, 태극기를 높이 흔들며 목이 터져라 "대한독립 만세!"를 외치게 한 힘이었다. 일제의 폭압이 아무리 거세도 기어이 낭독하고야 만 불굴의 정신이었다. 전국 방방곡곡으로 번진 함성의 도화선이었고, 우리 민족의 염원을 담은 희망이었다.

그런 기미독립선언서가 발표된 지 올해로 꼭 100년이다. 그런데 우리는 지금 기미독립선언서를 어떻게 인식하고 있는가? 최남선이 선언문을 기초했고, 한용운이 공약삼장을 추가했으며, 비폭력 정신을 담고 있다는, 교과서에서 배운 지식이 우리 상식의 전부 아닌가. 이조차 학교를 졸업하면 '역사 연표 위에 무수히 이어진 수많은 사실史實 중 하나'라고만 기억할 뿐이다.

기미독립선언서를 그렇게 쉽게 잊어도 되는 걸까? 물론 아니다. 기미독립선언서가 표방하고자 했던 '독립' 정신은 100년이 지난 지금도 필요하다. 우리가 여전히 온전한 독립을 이루지 못했기 때문이다. 어떤 이는 '온전한 독립이 이루어지지 않았다니, 도대체 무슨 소리냐'며 강한 반감을 표출할지도 모르겠다. 과연 우리는 지금 온전한 독립을 누리고 있는가? 요즘도 이 땅에는 일제 식민지의 망령이 도처에 차고 넘친다. 우선 대표적인 사례 몇 가지만 보자.

2018년 10월과 11월, 대한민국 대법원은 연이어 전 세계의 이목을 끄는 판결을 내렸다. 익히 알고 있는 바대로, "1965년 체결된 한일 청구권협정은 샌프란시스코 조약에 따라 채권채무관계를 배분하기 위한 것이지 불법적인 지배나 권력관계에 대한 해결 대가로 볼 수 없다"며, 일본 기업이 강제징용과 근로정신대에 끌려간 피해자들에게 손해를 배상하라고 판결한 것이다.

이러한 판결이 내려지자 당사자인 일본 기업 미쓰비시三菱는 물론 일본 정부가 되레 한술 더 떠서 판결에 불복하는 거친 말 폭탄을 쏟아냈다. 사실 일본은 그동안 이 문제가 불거질 때마다 1965년 체결된 한일 청구권협정을 근거로 모든 문제가 해결됐다는 입장을 고수해왔다. 게다가 대한민국 법원의 판결은 객관성이 결여됐다고 주장했다. 그렇다면 2007년 일본 최고재판소가 중국의 강제노동 피해자들이 미쓰비시를 상대로 낸 소송에서 내린 판결은 허위란 말인가.

> 평화조약에 의해 개인의 청구권이 완전히 소멸된 것은 아니다. 그러나 평화조약을 체결한 목적이 무수한 민사소송을 회피하기 위한 것으로 생각되는 만큼, 재판소를 사용해 개인을 구제할 수는 없게 됐다. 원고(중국인 노동자 - 필자)가 말로 형언할 수 없는 고통을 맛본 것은 사실이다. 피고 기업은 재판소를 통한 과정 외에 있어 책임 있게 성실하게 대응하는 것을 기대한다.

어떤가. 여기서 우리가 특히 주목할 부문은 '개인의 청구권이 완전히 소멸된 것은 아니다'라는 구절이다. 이에 비추어 보면 우리 대법원은 지극히 상식적인 판단을 내렸다.

위안부 문제 역시 마찬가지다. 2019년 1월 30일 〈뉴욕타임스〉는 이틀 전인 28일에 타계한 위안부 피해자 김복동 할머니를 기리는 추모기사를 실었다. 이에 대해 일본은 외무성 보도관 명의의 반론문에서, 그동안 여러 차례 사죄와 회환의 뜻을 전달했고 보상 문제는 1965년 한일 기본조약으로 해결됐다는 거짓 해명까지 했다. 최근의 이런 상황에 비추어 장황하게 설명하지 않아도 이 문제는 우리가 익히 아는 상식이다. 이처럼 일제가 식민 지배 시절 불법·탈법적으로 저질렀던 문제들이 단 한 건도 해결되지 않고 있다. 이러고도 우리가 온전한 독립을 이루었다고 할 수 있을까.

독도 문제는 또 어떤가. 여기서 일본과의 독도 영유권 분쟁에 대해 자세하게 언급할 필요성은 느끼지 못한다. 누가 봐도 일본이 억지를 부리고 있는 것이 분명한데 이들은 낯부끄러운 줄 모른다. 이 모든 것이 자신들이 불법적으로 저지른 한국의 강제 지배에 따른 문제라는 명백한 사실 앞에서도 일본은 해결은커녕 그 흔한 미안하다는 립서비스조차 하지 않는다.

나는 1970년 빌리 브란트Willy Brandt 서독 총리가 폴란드 바르샤바에 있는 게토 기념비 앞에서 무릎을 꿇던 장면을 잊지 못한다. 때마침 추적거리는 비 때문에 더 인상적이었던 것 같다. 우리는 일본이 독일만큼 할 것을 기대하지는 않는다. 상식적인 사과만으로도 충분하다. 그게 그렇게 어려운 일인가. 이것이 우리가 기미독립선언서를 다시 읽고 이 땅에서 일제의 망령을 몰아내야만 하는 한 가지 이유다.

또 다른 면을 보자. 얼마 전까지만 해도 한반도는 전쟁 상태나 다름없는 위기감에 휩싸여 있었다. 북한은 미국을 겨냥한 핵과 미사일 실험을 반복하고 있었고, 이에 맞대응해 북한을 공격해야 한다는 미국 조야의 공습론이 난무했다. 그동안 우리는 양치기 소년의 말에 익숙해져 전쟁 위험을 제대로 실감하지 못한 채 살아왔다. 그러나 이번

만은 달랐다. 예측 불허의 강경파인 도널드 트럼프Donald Trump 미국 대통령이 핵단추를 누를지도 모른다는 불안감은 나만의 기우였을까.

그런 한반도에 훈풍이 불기 시작하더니 해빙의 기미가 보이고 있다. 전쟁의 위협에서 완전히 벗어난 것은 아니지만 우리 정부의 적극적인 노력으로 이만한 게 다행이다. 물론 트럼프 대통령의 통 큰 결단도 한몫했음은 부인할 수 없다. 그런데 어렵게 여기까지 오는 과정에서 우리는 인정하기 싫은 현실을 목도했다.

2018년 10월 10일 강경화 외무부 장관이 국회의 국정감사에서 5·24 조치(2010년 5월 24일 이명박 정부가 천안함 피격 사건의 책임을 물어 북한에 가한 대북 제재조치) 해제를 검토하겠다고 하자, 트럼프 대통령은 곧바로 "한국은 우리 '승인' 없이 아무것도 하지 않는다"고 응수했다. 그는 분명히 '승인approval'이란 단어를 사용했다. 국내 여기저기서 '주권 침해' 논란이 일었지만 우리의 서글픈 처지만 확인했을 뿐이다.

미국이 우리 정부의 결정을 정말 '승인'하느냐 마느냐 하는 문제도 절대 있어서는 안 될 일이지만, 미국 대통령의 현실 인식이 이러하다는 데는 경악을 금할 수 없다. 우리나라를 식민지쯤으로 생각하고 있다는 반증이 아니고 무엇이겠는가. 트럼프가 기자들의 논쟁적 질문을 즉각 맞받아치는 과정에서 깊이 생각할 겨를 없이 속내를 드러낸 것이 아닌가 하는 합리적 의심을 하기에 충분하다. 분단선을 그은 승전국의 오만함이 그대로 묻어나는 발언이라고 해도 틀린 말이 아닐 것이다. 그런데 문제의 심각성은 겉으로도 이런 발언을 여과 없이 드러내는 상황이라면 국민들의 눈과 귀가 미치지 않는 은밀한 곳에서는 더 심하지 않겠느냐는 것이다.

혹 내가 단어 하나에 지나치게 민감한 것이 아니냐고 할지도 모르겠다. 백번 양보해서 그렇다 치자. 하지만 '승인'이 의미하는 바는 앞으로 한미 관계를 정립해나가는 과정에서 매우 강력하게 영향을 미치리라는 것을 충분히 짐작하고도 남는다.

사실 미국은 일본과 함께 한반도의 분단을 초래한 국가 중 하나다. 알다시피 일본이 원자폭탄 두 발에 무조건 항복을 선언하면서 우리나라도 일제 식민지에서 해방되었다. 이때 북쪽에 들어와 있던 소련군이 남쪽까지 세력을 확대할지도 모른다고 우려한 미국의 제안으로 38선을 그어 남쪽에는 미군, 북쪽에는 소련군이 주둔하면서 남북 분단이 시작되었다. 이후 미국과 소련이 냉전 체제를 이끄는 쌍두마차로 군림하면서 분단은 더욱 고착되었다.

하지만 남과 북은 항상 민족의 최대 목표를 '통일'에 두고 있다. 비록 서로 총부리를 겨누는 적과 적으로 대치할지언정 말로는 늘 통일을 이야기해왔다. 어찌 보면 지나친 군비 확산과 첨예한 대결은 역설적이게도 '통일' 때문에 빚어진 일일지도 모른다.

이 점을 놓고 보더라도 일제의 식민 지배에서 비롯된 분단과 그 분단의 과정에서 미국의 역할이 커지면서 우리는 온전한 독립국가를 이루지 못했다. 좀 솔직해지자. 대한민국은 겉으로는 완전히 독립된 주권과 영토를 가진 국가이지만 그 이면에서 작동하는 갖가지 견제

구는 여전히 우리가 독립을 온전히 이루지 못한 나라에서 살고 있다는 인상을 지울 수 없게 한다. 이 또한 우리가 기미독립선언서를 다시 꺼내 큰 소리로 읽어야 하는 이유다.

2017년 3월 16일 〈SBS 8시 뉴스〉는 한국사 스타 강사 설민석 씨가 "민족대표 33인을 폄훼했다"고 보도했다.

> "우리나라 최초 룸살롱이 있었습니다. 태화관이라고. 대낮에 그리로 간 거야. 마담 주옥경하고 손병희하고 사귀었어요. 나중에 결혼합니다. 그 마담이 디시DC를 해준다고, 안주 하나 더 준다고 오라고 그랬는지는 모르겠는데……."

이 발언을 접하고 유족은 물론이거니와 대다수 국민들은 큰 충격을 받았다. 학생들 귀에 쏙쏙 들어가게 할 의도였으리라고 한 발 물러나 생각해도 이건 나가도 너무 나갔다. 이렇게 공부하면 독립을 선언했던 장소인 '태화관'은 '룸살롱'과 연관 검색어가 되어 사람들 입에 회자될 것이 뻔하다.

이 일은 '민족대표33인유족회'가 '허위 사실에 의한 사자 명예훼손죄'로 설민석 씨를 고소하는 등 파장이 일파만파 커졌다. 설민석 씨는 SNS를 통해 "저는 학계의 비판적 견해를 수용하여 도서 및 강연에 반영하였으며, 그날, 그 장소, 그 현장에서의 민족대표 33인에 대해서는 여전히 비판적인 입장을 가지고 있습니다"고 전제한 뒤 "제 의도와는 다르게 사건을 설명하는 과정에서 유족분들께 상처가 될 만한 지나친 표현이 있었다는 꾸지람은 달게 받겠습니다"고 사과했다. 그리고 이 사건은 나중에 설민석 씨의 발언에 명예훼손의 의도가 없었다면서 '무죄'(모두 변절했다는 부분에 대해서는 유죄) 선고가 내려지면서 없던 일이 되고 말았다.

그런데 나는 이 사건이 이렇게 마무리되는 것이 못내 아쉬웠다. 이 사건은 기미독립선언서에 대한 국민 인식의 현주소를 고스란히 드러내주었기 때문이다. 한 스타 강사의 '튀는 발언' 그 이상도 이하도 아니었다. 더욱이 설민석 씨가 당시 인기 예능 프로그램에 출연 중이던 터여서 대중의 말초신경을 자극하는 '연예기사'처럼 다뤄졌을 뿐이다. 그리고 우리는 다시 기미독립선언서를 기억에서 지웠다.

기미독립선언서 낭독으로 시작된 3·1 독립운동은 우리 역사에 중요한 전환기를 마련했다. 200만 명 이상이 시위에 참가할 만큼 독립운동이 범민족적으로 전개되자 당황한 일제는 조선 식민통치 방식을 그동안 헌병경찰을 내세운 무단통치에서 문화정치로 변경했다. 문화정치에서는 헌병경찰은 없앴지만 보통경찰의 수는 늘려 독립운동가들을 감시·탄압했으며, 친일파들을 적극적으로 이용해 민족의 분열과 갈등을 조장했다. 이처럼 문화정치라는 미명 아래 이전보다 더욱 악랄하고 교묘한 방식을 사용했다는 점은 시사하는 바가 적지 않다.

특히 기미독립선언서를 선포하고 한 달 만인 4월, 독립운동가들은 중국 상하이에서 대한민국 임시정부의 닻을 올린다. 이로써 입헌군

주국이었던 대한제국은 비로소 국민이 주인인 민주공화국 대한민국으로 재탄생했다. 대한민국 임시정부는 일제의 식민 지배로 단절될 뻔했던 우리 역사를 오롯이 이어주는 역할을 한다. 이는 "유구한 역사와 전통에 빛나는 우리 대한국민은 3·1운동으로 건립된 대한민국 임시정부의 법통"(헌법 전문)을 계승해 1948년에 대한민국 정부가 수립된 데서도 잘 알 수 있다.

하지만 10여 년 전부터 예상치 못한 건국절 논란이 일어난다. 이 논란은 보수와 진보의 이념 대결 양상을 띠면서 더욱 격렬해지고 있다. 우리 대한민국이 3·1 독립운동의 영향으로 '건국'됐음은 우리가 학교에서 익히 배웠을 뿐 아니라 헌법에도 명시돼 있다. 어쩌면 정부를 수립할 당시에는 그렇지 않았다고 억지 주장을 하는 이도 있을지 모르겠다. 하지만 제헌헌법 전문에도 다음과 같이 분명히 명시돼 있다.

> 유구한 역사와 전통에 빛나는 우리 대한민국은 기미 3·1운동으로 대한민국을 건립하여 세계에 선포한 위대한 독립정신을 계승하여……

이보다 더 명백한 증거가 또 있을까? 내가 보기에 이 문제는 왈가왈부할 성질이 아니다. 그럼 왜 이런 일이 벌어지고 있는 걸까? 여러 가지 설명을 할 수 있겠지만, 나는 친일파들에게 명백히 책임을 묻지 못한 데서 기인한다고 본다. 조선총독부의 주구 노릇을 하던 친일파들은 어떤 반성도 없이 이승만 정부에서 대한민국 관료로 재등장했다. 이후 친일파 문제가 흐지부지되었고, 이런 변신은 마치 면죄부라도 받은 것처럼 되어버렸다. 그리고 이제 세월도 제법 흐른 시점에서 자신들의 정당성까지 확보하려는 차원으로 이런 주장을 하는 게 아닌가 싶기도 하다. 어쨌든 이런 논쟁은 닭과 달걀의 선후를 가리는 것만큼이나 무의미하다. 이런 점에 비춰보면 우리는 여전히 '우리 안의 식민지'의 포로다. 그래서 나는 우리 안의 식민지를 몰아내기 위해 다시 기미독립선언서를 읽어야 한다고 생각한다.

지금 세계 유일의 초강대국으로 군림하는 미국도 건국 과정을 보면 우리 역사와 닮은꼴이 많다. 영국 식민지였던 미국의 13개 주 대표들은 1775년 5월 10일 필라델피아에서 '2차 대륙회의大陸會議, Continental Congress'를 열었다. 본국인 영국에서 독립하려는 의식이 싹트면서 열린 1차(1774. 9. 5)에 이어 열린 회의였다. 이 회의에서 토머스 제퍼슨Thomas Jefferson이 기초한 독립선언서를 채택하고, 이듬해인 1776년 7월 4일 필라델피아 인디펜던스홀에서 '독립선언서'를 낭독했다. 우리가 1919년 3월 1일 독립선언서 낭독을 통해 '독립선언'을 했듯 미국도 그렇게 했다.

그런데 미국의 식민지 주들은 막상 독립선언을 했지만 어떻게 독립할 것인지 방법에 대해서는 뾰족한 수가 없었다. 2차 대륙회의 대표자들 가운데 일부가 그래도 영국과 다시 한 번 평화 교섭을 해보는 게 어떻겠느냐고 제안했고, 이들은 영국 왕 조지 3세에게 '올리브 가지 청원서Olive Branch Petition'를 보낸다. '올리브 가지'는 '평화', '화해 메시지'라는 뜻이 있다. 하지만 왕은 그것을 읽어보지도 않은 채 한술 더 떠 더욱 많은 군대를 미국 식민지로 보냈다. 미국의 13개 주로서는 이제 다른 방법이 없었다. 독립을 하려면 우리가 그랬던 것(의병전쟁)처럼 영국을 상대로 전쟁을 할 수밖에 없었다. 이렇게 미국의 13개 주는 영국과 전쟁을 시작했고, 약 8년에 걸친 싸움 끝에 1783년 9월 3일 비로소 독립국가를 세웠다.

이후 미국은 독립선언서를 발표한 7월 4일을 '독립기념일'로 지정해 기리고 있다. 해마다 미국 독립기념일에는 풍성하고 다채로운 행사가 벌어지고, 온국민이 참여해 축제처럼 즐긴다. 미국에 사는 우리 교포들은 독립기념일을 축하하는 그들의 모습이 무척 부럽다고 한다.

반면 우리는 어떤가. 국가나 지자체에서 주도하는 기념식과 만세시위 재현 같은 행사들이 해마다 판에 박은 듯 똑같이 되풀이된다. 독립의 진정한 의미를 기리고 축하하는 행사라기보다는 형식적인 연례행사에 불과하다.

나는 '기미독립선언서'에 대한 책을 쓰기로 마음을 정하고 책과 논문, 인터넷 검색을 통해 자료를 섭렵하는 과정에서 많은 것을 느꼈다. 그동안 우리가 기미독립선언서에 대해 알고 있던 상식이 얼마나 편협하고 얕았는지를 알기까지 많은 시간이 필요치 않았다. 게다가 3·1 독립운동에 대한 연구나 책은 많아도 막상 독립선언서에 대한 자료는 거의 눈에 띄지 않았다. 1999년 국학자료원에서 '한국사연구총서

10'으로 낸《한국 독립선언서 연구》(김소진 지음) 외에는 눈을 씻고 찾아봐도 특별한 자료가 보이지 않았다.

나는 잠깐 고민했다. 책 한 권으로 엮기에는 독립선언서에 대한 정보가 너무 부족한 것이 아닌가. 아니면 그럴 만한 가치가 없는 것인가. 고민이 꼬리에 꼬리를 물었다. 하지만 다행히도 그것은 기우였다. 책 한 권은 너끈히 쓸 수 있을 만큼 자료가 풍부했고, 그 내용도 충실했다.

나는 이 책을 쓰는 데 내가 평생 닦아온 '저널리스트'적 접근을 선택했다. 학문적 연구는 학자들의 몫이니 나는 일반 독자의 교양과 상식에 필요한 요소들을 뽑아 이해하기 쉽게 정리하기로 했다.

그리고 본문으로 들어가기에 앞서 미리 밝혀둘 것이 있다. 역사적 사건을 주제로 글을 쓸 때 특히 조심해야 할 것이 있는데, 바로 '서술의 시점'이다. 서술 시점을 어떻게 잡느냐에 따라 글의 방향은 물론 내용까지 크게 달라지기 때문이다. 지금 내가 쓰려는 기미독립선언서를 가지고 간단히 설명해보자.

기미독립선언서에 대한 저술에서는 기미독립선언서에 서명한 33인의 민족대표들을 반드시 언급해야 한다. 이 33인은 일본의 폭압에도 불구하고 독립선언을 위해 목숨을 내놓고 나선 이들이다. 이 사실만이라면 문제될 것이 없다. 숭고한 정신을 역사의 교훈으로 기리고 이어받으면 되기 때문이다. 그러나 민족대표 가운데 몇은 뒷날 변절해 친일의 길을 걷는다. 바로 이 점 때문에 이 책에서 '서술의 시점'이 중요하게 되었다.

변절자의 변절 과정을 상세히 다루다 보면 그 과정에서 본말이 전도되기 십상이다. 본질은 온데간데없고 곁가지가 크게 부각되면 기미독립선언서의 가치가 조금이라도 훼손될지 모른다는 걱정이 있었다. 고민이 깊었다. 이들의 친일 행위를 문제 삼아 가치 평가에 반영할 수밖에 없다면 기미독립선언서는 본질적인 문제에서부터 담벼락과 마주하게 된다. 최남선이 기미독립선언서를 기초했으니 애당초 독립선언서를 부정해야 할까. 이광수가 2·8 독립선언서를 썼으니 친일파의 행위라고 색안경을 끼고 봐야 할까.

그건 아니라고 생각했다. 비록 그들이 훗날 변절해서 친일의 길을 걸었다 해도 독립선언서의 가치는 결코 변하지 않는다. 그 이유로 훼손되어서는 더더욱 안 된다. 나는 당대사의 관점으로 독립선언서를 기획, 작성, 선언하던 때의 심정을 이해하는 것도 100년이 지난 지금 매우 중요하다고 생각한다. 나는 이 문제를 몇몇 전문가와 상의했고, 그들의 의견도 나와 크게 다르지 않았다. 그래서 이 책에서는 역사 해석의 기준 시점을 기미독립선언서 작성과 선언 당시로 하고 그들의 활동을 간략히 살펴볼 것이다. 물론 나중에 친일의 길을 걸었다는 정도의 짧은 설명을 달아 독자들이 참고할 수 있도록 하겠다.

그리고 미리 밝힐 것이 하나 더 있다. 지금껏 우리는 3월 1일을 표현할 때 국가기념일이라는 의미에서 '삼일절'이란 용어를 사용해왔다. 또 3월 1일을 전후해 일어난 독립운동을 통틀어 '3·1운동'이라고 불러왔다.

우선 삼일절은 그날의 의미를 직접적으로 담고 있는 개천절, 광복절, 제헌절과 달리 이름만 놓고 보면 도무지 무슨 날인지 알기 어렵다. 어른들이야 당연히 알겠지만 초등학생만 해도 따로 설명해주지 않으면 삼일절의 의미를 모른다. 3월 1일을 전후해 일어난 일들을 포괄해 부르는 '3·1운동'이라는 용어 또한 추상적이기는 마찬가지다.

나는 이 추상적인 용어부터 다시 정리할 필요가 있다고 생각한다. 그래서 독립선언서가 발표된 날이라는 뜻을 담아 3월 1일을 '독립선언일'로 불렀으면 한다. 미국처럼 '독립기념일'이라고 하면 더없이 좋겠지만, 우리가 해방을 맞기까지는 독립선언을 하고 나서 무려 20여 년의 세월이 더 필요했다. 이 점을 고려하면 독립을 선언했다는 역사적 사실에다 방점을 찍을 수밖에 없다.

또한 3·1운동이라는 용어에도 '독립'이 반드시 들어가면 좋겠다. 3·1 독립운동, 3·1 독립혁명, 3·1 독립항쟁……. 다만 운동이냐, 혁명이냐, 항쟁이냐와 같은 성격을 규명하는 문제는 학자들의 몫으로 남겨두기로 한다.

올해는 기미독립선선언서가 발표된 지 100년이 되고, 또 새로운 100년이 시작되는 해다. 이 시점에서 우리는 앞으로의 100년을 어떻게 이어가야 할 것인지 고민해야만 한다.

우리 앞에 놓인 숙제는 많다. 그중 가장 시급한 숙제는 이 땅에 평화가 깃들게 하는 일일 것이다. 그동안 적대 관계로 대치하면서 소모

된 민족의 에너지가 얼마인가를 생각해보자. 이 에너지를 삶의 질을 높이는 데 쓴다면 그 결과는? 새삼스러울 것도 없이 이미 오랫동안 온 민족 누구나가 염원해온 바일 터이다. 그렇다. 100년 전의 기미독립선언서의 의미가 '온전한 독립을 위한 정신'이었다면 지금 기미독립선언서의 의미는 온전한 독립을 완성해주는 '평화를 위한 이념'이라고 생각한다.

"일찍이 아시아의 황금시대에 / 빛나던 등불의 하나인 코리아 / 그 등불 한 번 다시 켜지는 날에 / 너는 동방의 찬란한 빛이 되리라"던 인도의 시성詩聖 타고르의 〈동방의 등불〉 한 구절처럼 기미독립선언서는 우리에게 계속 '빛나는 등불'이 되어야 한다.

이 책이 나오기까지 많은 분들의 도움이 있었다. 특히 역사적 관점을 비롯하여 서술 방식 등에 관해 다양한 의견을 함께 나누며 민족대표 33인에 관한 책을 따로 쓴 동업자 친구이자 친일문제 전문가인 정운현 형의 도움이 컸다. 거친 원고를 다듬어 근사한 책으로 꾸민 창해출판사 전형배 대표와 식구들에게도 큰 고마움을 전한다. 또 언제나 나의 든든한 울타리가 되어주는 가족들에게도 고맙다는 말을 전한다.

2019년 2월

조성일

# 차례

이제 우리는 우리 조선이 독립국임과
조선인이 자주민임을 선언한다. 이를 세계만
방에 알려 인류가 평등하다는 큰 뜻을 분명히 하고,
자손만대에 알려 민족자존의 올바른 권리를 영원히 누
리도록 한다.
우리는 반만년 역사의 권위에 의지하여 독립을 선
언하는 것이며, 이천만 민중의 충성스러운 마
음을 모아 우리의 독립을 널리 알리는
것이고, 겨레의 한결같은 자유 발전을 위해
독립을 주장하는 것이며, 전 인류가 순수
한 마음으로 바라는 세계 개조의 큰 뜻
을 따르고 함께 나아가기 위해 독립
을 주장하는 것이니, 세상 그
무엇도 우리의 독립을 막지 못할
것이다.

# 제1부

# 그날,
# 역사가
# 용트림했다!

運命을開拓함이오決코舊怨과一時的感情으로써他를嫉逐排斥함이안이로다舊思想舊勢力에羈縻된日本爲政家의功名的犧牲이된不自然又不合理한錯誤狀態를改善匡正하야自然又合理한正經大原으로歸還케함이로다當初에民族的要求로서出치안이한兩國倂合의結果가畢竟姑息的威壓과差別的不平과統計數字上虛飾의下에서利害相反한兩民族間에永遠히和同할수업는怨溝를去益深造하는今來實績을觀하라勇明果敢으로써舊誤를廓正하고眞正한理解와同情에基本한友好的新局面을打開함이彼此間遠禍召福하는捷徑임을明知할것안인가또二千萬含憤蓄怨의民을威力으로써拘束함은다만東洋의永久한平和를保障하는所以가안일뿐안이라此로因하야東洋安危의主軸인四億萬支那人의日本에對한危懼와猜疑를갈스록濃厚케하야그結果로東洋全局이共倒同亡의悲運을招致할것이明하니今日吾人의朝鮮獨立은朝鮮人으로하야금正當한生榮을遂케하는同時에日本으로하야금邪路로서出하야東洋支持者인重責을全케하는것이며支那로하야금夢寐에도免하지못하는不安恐怖로서脫出케하는것이며또東洋平和로重要한一部를삼는世界平和人類幸福에必要한階段이되게하는것이라이엇지區區한感情上問題ㅣ리오

아아新天地가眼前에展開되도다威力의時代가去하고道義의時代가來하도다過去全世紀에鍊磨長養된人道的精神이바야흐로新文明의曙光을人類의歷史에投射하기始하도다新春이世界에來하야萬物의回蘇를催促하는도다凍氷寒雪에呼吸을閉蟄한것이彼一時의勢ㅣ라하면和風暖陽에氣脈을振舒함은此一時의勢ㅣ니天地의復運에際하고世界의變潮를乘한吾人은아모躊躇할것업스며아모忌憚할것업도다我의固有한自由權을護全하야生旺의樂을飽享할것이며我의自足한獨創力을發揮하야春滿한大界에民族的精華를結紐할지로다

吾等이玆에奮起하도다良心이我와同存하며眞理가我와并進하는도다男女老少업시陰鬱한古巢로서活潑히起來하야萬彙群象으로더부러欣快한復活을成遂하게되도다千百世祖靈이吾等을陰佑하며全世界氣運이吾等을外護하나니着手가곳成功이라다만前頭의光明으로驀進할따름인뎌

## 公約三章

一、今日吾人의此擧는正義、人道、生存、尊榮을爲하는

宣言書

# 조선의 독립국임을 선언하노라!

1919년 3월 1일, 마침내 그날이 밝았다. 토요일이었다. 거사를 앞둔 민족대표들도 눈을 떴다. '아, 마침내 오늘이 왔구나!' 누구랄 것 없이 민족대표들은 하나같이 무겁게 짓누르는 긴장을 털어내려고 '후우~' 긴 숨부터 쉬어본다. 머리도 개운치 않다. 이런저런 생각이 들어 지난밤 잠을 설쳤기 때문이리라.

하늘은 얄미울 정도로 청명하다. 봄바람 나기 딱 좋은 날씨다. 하지만 이런 날씨 따위로 감상에 젖을 때가 아니었다. 혹 가족들이 알까봐 내색도 못한다. 숨이 막힌다. 집안의 공기가 잔뜩 부푼 풍선처럼 팽팽한 긴장감이 감돈다.

괜스레 방 안을 어슬렁거려본다. 그것으로 긴장이 풀리지는 않는다. 담뱃대에 불을 붙여 한 모금 빨아 폐 깊숙한 곳까지 연기를 들이마셨다가 뱉어본다. 그것도 신통치 않다. 입안이 바싹 마른다. 침을 꿀꺽 삼켜보지만 도움이 안 된다. 바싹 마른 입술을 지그시 깨물어본다. 그리고 어금니를 앙다물어본다.

아침상을 마주한다. 도무지 입맛이 없다. 밥을 아주 조금 뜬 숟가락질은 더디고 더디다. 입에 음식을 넣고 오래오래 오물거린다. 밥알이 아니라 모래알을 씹는 것 같다. 밥이 쉬이 목구멍으로 넘어가지 않는다. 밥상을 물리고 여느 날과 다를 바 없다는 듯 태연한 척한다. 하지만 누군가 말이라도 붙일라치면 짜증부터 난다. 예민할 대로 예민해져 있다. 허공을 쳐다보기도 하고 방문을 열고 바깥 공기를 쐬기도 한다. 시간이 느리게 간다. 지루하다.

이번 거사의 진두지휘를 맡은 천도교 교주 손병희 역시 만반의 준비를 모두 끝낸 터여서 이날 오전에는 특별한 일 없이 지루하게 거사를 기다렸다. 그는 하루 전날인 2월 28일, 혹시 있을지도 모를 비상사태에 대비해 유시문을 발표했었다. 여기서 자신의 유고에 따른 지도부 공백을 막기 위해 후계자도 미리 정해놓았다. 또 민족대표들과 최종 회합을 가져 내일 있을 거사를 다시 한 번 점검하는 한편, 혹 가장이 불행하게 되면 남은 가족들이 겪을 생활고를 감안해 각각에게 매월 10원씩 생활비를 지불하기로 결정했었다.

기독교 측 민족대표들은 마지막 길을 나서는 심정으로 가족들과 예배를 보는 등 나름대로 비장한 각오를 다지면서 오전 시간을 보냈다. 물론 다른 민족대표들도 모두 마찬가지 심정으로 거사를 기다렸다.

거사는 2시 태화관에서 열린다. 애초에 정한 행사 장소는 파고다공원(지금의 탑골공원)이었다. 갑자기 장소를 태화관으로 바꾼 것은 많은 사람들이 모여 행사를 진행하다 보면 군중심리로 인해 혹 불상사라도 생길지 모른다는 우려에서였다. 또한 그렇잖아도 우리 민족을 탄압할 구실을 찾는 일본경찰이 어떤 간계를 써서 현장을 교란시켜 폭동의 구실을 만들지 모른다는 걱정에서였다. 해서 거사 전날 회합에서 장소를 태화관으로 변경했다. 그리고 손병희가 그 자리에서 태화관에 전화를 걸어 30여 명이 들어갈 큰 방을 비워두라고 했다. 손병희는 태화관 주인 안순환과 잘 아는 사이였다.

민족대표들에게 태화관은 남다른 의미가 있었다. 조선 왕실의 궁중요리사 안순환이 운영하던 태화관은 한때 나라를 일본에 팔아먹은 이완용이 살던 집이었다. 안순환은 현재 동아일보사 일민미술관 자리에 요릿집을 열고 '명월관'이라 이름 붙였다. 이 요릿집은 일반인들이 평소 먹어보지 못한 궁중요리를 접할 수 있는 곳이어서 인기가 대단했다. 이완용, 송병준 등 친일파들도 단골로 드나들었음은 물으나 마나다. 그러다 화재로 명월관이 소실된 뒤 안순환은 별관 개념으로 태화관을 열었다. 지금의 종로구 인사동 194번지 27호, 태화빌딩이 서 있는 바로 그 자리다.

태화관은 앞에서 말했듯이 이완용의 집이었던 터여서 이완용이 이

**민족 대표들이 모여 독립선언식을 가졌던 태화관 터**(지금은 태화빌딩이 들어서 있다).

토 히로부미를 비롯한 일본인들과 조선의 강제 합병에 관한 논의를 하기도 했던 역사의 현장이다. 태화관에서 독립선언을 하는 것은 그 때의 논의를 뒤집어 원래대로 돌려놓는다는 특별한 의미가 있었던 것이다.

어느덧 오후 2시가 가까워지고, 민족대표들이 한 명 두 명 태화관으로 모여들기 시작했다. 도착한 민족대표들은 태화관의 후원 깊숙한 곳에 자리한 '별유천지 6호실'인 '태화정'(이덕주, 《신석구: 민족의 독립을 위해 십자가를 지다》)으로 안내됐다.

> "태화정 동쪽 처마에는 (누군가가 달아놓은 - 필자) 태극기가 힘차게 나부끼고 있었다."(이난향, 《남기고 싶은 이야기들》, 중앙일보사)

민족대표들은 서로 구면인 사람들도 있었지만 거사를 준비하느라 동분서주하던 지도부를 빼고는 대부분 초면이었다. 독립선언서에 서명한 민족대표들 가운데 서울에 있던 20여 명은 전날인 2월 28일 밤 재동 손병희 집에서 전체 회합을 했던 터여서 얼굴을 마주치기는 했다. 하지만 따로 만나거나 말을 나누지 않아 서먹했다.

태화관 별유천지

커다란 탁자 주위에 둘러앉은 민족대표들 사이에는 무거운 침묵만 흘렀다. 누구 하나 선뜻 나서서 이야기를 꺼내지 않았다. 모두 약간 상기된 표정으로 탁자 위에 놓인 기미독립선언서를 만지작거리며 정면을 응시할 뿐, 선언식이 시작되기를 기다렸다.

이때 바깥이 소란스러웠다. 학생대표들이 찾아온 것이다. 그들은 민족대표들에게 왜 파고다공원으로 오지 않고 태화관에 모여 있느냐며 거칠게 항의했다. 이때의 상황이 이종일의 회고록인 《묵암비망록》에 나온다.

"선생님들, 무슨 일로 공원에서 독립선언서를 선포한다고 해놓으시고 이곳에 와 계십니까. 우리는 선생님들이 오시기를 고대했는데 이렇게 되니 일이 낭패를 본 것 아닙니까. 이 중요한 시기에 말입니다. 지금 공원에는 수천 명의 남녀 학생과 온 장안의 시민이 기대에 찬 눈으로 선생님들의 선도를 바라고 있습니다. 속히 그리로 가셔서 민중시위 운동을 인도해 주십시오."

이에 손병희 등이 자초지종을 설명했지만 학생들은 민족대표 중 한 사람이라도 파고다공원에 와서 기미독립선언서를 낭독해달라고 요청했다. 하지만 민족대표들은 모두가 함께 태화관에서 행사를 갖고 포박당하기로 했다며 설득했다. 그날 체포된 민족대표 중 한 명인 신홍식의 신문조서에 따르면 민족대표들은 "단지 선언서를 모든 사람에게 배부하면 그것이 곧 선언이 되기 때문에 굳이 공원에 갈 필요는 없다"며 학생들을 돌려보냈다고 한다.

3시 가까울 무렵 태화관에는 29명의 민족대표가 도착했다. 기독교측 대표 길선주(평양), 유여대(의주), 정춘수(원산) 세 사람은 지방에서 늦게 서울로 올라온 관계로, 또 김병조는 상하이로 탈출한 관계로 참석하지 못했다. 대신 민족대표들이 구속되면 가족들의 생계 등 편의를 보살피기 위해 서명하지 않았던 함태영이 참석했다.

더 이상 올 민족대표가 없음을 확인하고는 선언식이 시작됐다. 기미독립선언서는 따로 낭독하지 않았다. 참석한 민족대표들이 이미 기미독립선언서를 사전에 일독한 터였다. 다들 머릿속으로 "오등은 자에 아 조선의 독립국임과 조선인의 자주민임을 선언하노라"라는 첫 구절을 곱씹으며 입술을 깨물었다. "이제부터 시작이다. 우리가 독립을 선언한다고 해서 곧바로 독립이 이루어지는 것은 아닐지라도 이 첫걸음이 온 민족을 움직이게 해 독립운동의 큰 강물을 이루리라."

최린이 민족대표들을 대신해 한용운에게 간단한 인사말을 부탁했다. 한용운이 자리에서 일어났다.

> "오늘 우리가 집합한 것은 조선의 독립을 선언하기 위한 것으로 자못 영광스러운 날이며, 우리는 민족대표로서 이와 같은 선언을 하게 되어 그 책임이 중하니 금후 공동 협심하여 조선독립을 기도하지 않으면 안 된다."(박걸순, 《한용운의 생애와 독립투쟁》, 독립기념관)

한용운의 인사말은 짧고 간결했다. 이어서 사회자가 축배를 제안하자 모두 잔을 높이 들어 건배하고 힘차게 만세 삼창을 외쳤다.

"대한독립 만세! 대한독립 만세! 대한독립 만세!"

간단한 의식을 마친 뒤 민족대표들은 일본경찰에 연행됐다. 1949년 3월 1일자 〈동아일보〉에 실린 이명룡의 회고담을 보자.

> "연회를 시작할 때 ○○씨는 경무총감부로 전화를 걸어서 우리들이 다 여기 있으니 잡아가라고 기별해주었습니다. 얼마 후 무장헌병들이 태화관을 둘러쌌습니다. 그러나 우리는 이미 가기로 작정한 사람들이니 우리가 연회를 끝마치도록 들어오지 말고 밖에서 기다리라고 하여 한참 동안이나 세워두고 처음 겸 마지막으로 독립의 축배를 들었습니다. 그 후 잡혀가기로 하였는데, 다시 최린 씨가 헌병들과 교섭하기를 만일에 우리들이 대로로 도보로 데려간다면 흥분된 시

민들이 무슨 불상사라도 일으킬는지도 알 수 없으니 일을 원만히 하기 위해 우리 일동을 자동차로 데려가라 했습니다. 그랬더니 그들도 이 뜻을 양해하고 총감부로 전화를 하여 10여 대의 자동차를 가지고 와서 우리를 데려갔습니다."

경무청으로 전화를 건 사람은 최린이었다(손병희였다는 설도 있고, 손병희가 태화관의 주인 안순환을 시켜 전화를 했다는 설도 있다). 이걸로 미루어 보건대 일본경찰이 이때까지 별다른 특이 정보를 갖고 있지는 않은 걸로 보인다. 또한 전화를 걸지 않았다는 주장도 있다. 전화를 걸어 소재를 알려주었다면 왜 일본경찰이 이들 민족대표들을 수소문하느라 두 시간이나 헤맸냐는 것이다. 학계에서는 이 문제를 놓고 '자수'냐 '통고'냐, 아니면 '투항'이냐며 치열한 논쟁을 벌이기도 했다.

이에 대해 신복룡 교수(건국대)는 "자수라 함은 범죄인이 체포되기 전에 사직 당국에 스스로 출두하는 것인데, 독립운동이 범죄는 아니므로 자수란 말은 온당치 않고, 통고는 원초적으로 존재하지 않았고, 투항이라는 용어는 적과 대치한 상황에서 더 이상의 저항을 포기하고 항복하는 행위로서 독립운동가들에게는 맞지 않는 용어"라고 했다. 그러므로 '체포된 것'이라고 주장했다.

아무튼 독립선언식이 끝난 뒤 일본경찰에 연행된 민족대표들은 훗날 재판을 거쳐 1년에서 3년형을 선고받고 옥고를 치렀다.

# 온 겨레에 울려 퍼진 독립 만세

한편 태화관에서 불과 몇백 미터 거리에 있는 파고다공원에는 정오 전부터 학생들과 고종의 장례식을 보러 서울에 올라온 사람들을 포함해 이미 5,000여 명이 모여 있었다. 일부 참석자들의 손에는 기미독립선언서가 들려 있었다. 이날 공원에 모인 사람들 가운데는 유독 학생이 많았다. 이미 각 학교별로 기미독립선언서 낭독 시위에 참석하기로 의견을 모은 터라 학생들은 오전 수업을 마치자마자 삼삼오오 파고다공원으로 향했던 것이다.

민족대표들이 처음에 거사 장소로 정했던 파고다공원은 우리 손으로 조성한 최초의 도심 공원이다. '파고다pagoda'는 '탑塔'이란 뜻으로, 공원 안에는 국보 2호인 '원각사지 10층 석탑'이 있다.

이 터는 조선시대 초에 창건된 원각사圓覺寺가 있었던 자리인데, 원각사가 연산군 때 폐사된 뒤 중종 때에는 사찰건물이 모두 없어지고 백탑만 남아 있었다. 그래서 사람들은 이곳을 '탑이 있는 절터 마을'이라는 뜻으로 '탑마을' 또는 '탑골'이라고 불렀다. 이곳에 고종(재위 1863~1907) 때 영국인 J. M. 브라운의 설계로 근대식 공원이 조성됐다. 1992년에 옛 지명을 따서 '탑골공원'으로 개칭하였다.

파고다공원은 많은 사람들이 모일 수 있는 공공장소라는 점에서 거사를 치르기에 안성맞춤이었다. 이곳에 모인 사람들은 목을 빼고 이제나저제나 민족대표들이 오기만을 기다렸다. 하지만 2시가 가까워져도 민족대표가 한 사람도 보이지 않자 군중들이 술렁거리기 시작했다. 여기저기서 불만이 터져 나왔다. 정작 시간이 되니까 민족대표들이 몸 사리느라 코빼기도 보이지 않는다는 둥, 우리만 여기서 일본경찰에 붙잡혀 갈 게 뻔하다는 둥……. 사람들은 서로 쳐다보며 어떻게 해야 되느냐고 물으며 우왕좌왕했다. 일부에서는 민족대표들 없이 우리끼리 행사를 갖자고도 했다. 하지만 누구 하나 뾰족한 답을 내지 못했다.

이런 가운데 민족대표들이 태화관에서 따로 독립선언식을 거행한다는 소식이 파고다공원에 전해지자 학생들은 배신감이 들었다. 태화관에서 무슨 독립선언을 한다는 것인지 이해가 되지 않았다. 강기덕을 비롯한 학생대표 서너 명이 태화관으로 달려가, 장소 변경은 애초의 약속과 다르다며 거칠게 항의했다.

1919년 3월 1일 파고다공원에서 기미독립선언서를 낭독했던 정재용

기미독립선언서가 낭독됐던 탑골공원(3·1운동 당시 파고다공원) 팔각정

하지만 혹 있을지도 모를 불상사에 대비해 태화관에서 행사를 치를 것이며, 독립선언서가 추구하는 '비폭력 운동'을 실행하기 위해 태화관 행사는 불가피하다는 것이 민족대표들의 입장이었다.

이에 학생대표들은 민족대표들을 설득해 파고다공원에서 함께하

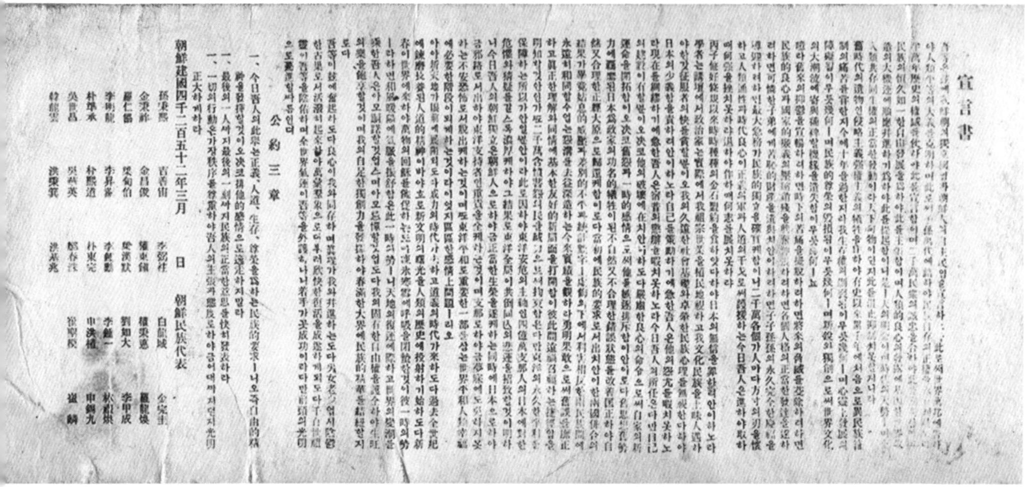
宣言書

公約 三章

朝鮮建國四千二百五十二年三月 日 朝鮮民族代表

기미독립선언서 초판본

기는 이미 글렀고, 더 이상 지체했다간 행사를 치를 수조차 없겠다 싶었다. 파고다공원으로 되돌아온 학생대표들은 사람들에게 이 같은 사실을 알리고 민족대표 없이 독립선언식을 갖고 독립만세운동을 하자고 외쳤다.

어느덧 시간은 2시 30분경을 지나고 있었다. 이때 황해도 해주 출신으로 경신학교를 졸업한 정재용이 팔각정 위로 뛰어올라갔다. 그는 누군가 기미독립선언서를 낭독해야 한다고 생각했고, 급한 마음에 자신이라도 해야 할 것 같았던 것이다. 마침 그의 주머니 속에는 파고다공원으로 오는 길에 받아둔 기미독립선언서가 들어 있었다. 정재용은 기미독립선언서를 꺼내어 읽어 내려가기 시작했다.

## 선언서

오등吾等은 자玆에 아我조선朝鮮의 독립국獨立國임과 조선인朝鮮人의 자주민自主民임을 선언宣言하노라. 차此로써 세계만방世界萬邦에 고告하야 인류평등人類平等의 대의大義를 극명克明하며, 차此로써 자손만대子孫萬代에 고誥하야 민족자존民族自存의 정권正權을 영유永有케 하노라.

반만년半萬年 역사歷史의 권위權威를 장仗하야 차此를 선언宣言함이며, 이천만二千萬 민중民衆의 성충誠忠을 합合하야 차此를 포명佈明함이며, 민족民族의 항구여일恒久如一한 자유발전自由發展을 위爲하야 차此를 주장主張함이며, 인류적人類的 양심良心의 발로發露에 기인基因한 세계개조世界改造의 대기운大機運에 순응병진順應幷進하기 위爲하야 차此를 제기提起함이니, 시是이 천天의 명명明命이며, 시대時代의 대세大勢이며, 전인류全人類 공존동생권共存同生權의 정당正當한 발동發動이라, 천하天下 하물何物이던지 차此를 저지억제沮止抑制치 못할지니라.

구시대舊時代의 유물遺物인 침략주의侵略主義, 강권주의强權主義의 희생犧牲을 작作하야 유사有史 이래以來 누천년累千年에 처음으로 이민족異民族 겸제箝制의 통고痛苦를 상嘗한 지 금今에 십 년十年을 과過한지라, 아我 생존권生存權의 박상剝喪됨이 무릇 기하幾何이며, 심령상心靈上 발전發展의 장애障礙됨이 무릇 기하幾何이며, 민족적民族的 존영尊榮의 훼손毁損됨이 무릇 기하幾何이며, 신예新銳와 독창獨創으로써 세계문화世界文化의 대조류大潮流에 기여보비寄與補裨할 기연機緣을 유실遺失함이 무릇 기하幾何이뇨.

희噫라! 구래舊來의 억울抑鬱을 선창宣暢하려 하면, 시하時下의 고통苦痛을 파탈擺脫하려 하면, 장래將來의 협위脅威를 삼제芟除하려 하면, 민족적民族的 양심良心과 국가적國家的 염의廉義의 압축소잔壓縮銷殘을 흥분신장興奮伸張하려 하면, 각개各個 인격人格의 정당正當한 발달發達을 수遂하려 하면, 가련可憐한 자제子弟에게 고치적苦恥的 재산財產을 유여遺與치 안이하려 하면, 자자손손子子孫孫의 영구永久 완전完全한 경복慶福을 도영導迎하려 하면, 최대급무最大急務가 민족적民族的 독립獨立을 확실確實케 함이니, 이천만二千萬 각개各個가 인人마다 방촌方寸의 인刃을 회懷하고, 인류통성人類通性과 시대양심時代良心이 정의正義의 군軍과 인도人道의 간과干戈로써 호원護援하는 금일今日, 오인吾人은 진進하야 취取하매 하강何强을 좌挫치 못하랴, 퇴退하야 작作하매 하지何志를 전展치 못하랴.

병자수호조규丙子修好條規 이래以來 시시종종時時種種의 금석맹약金石盟約을 식食하얏다 하야 일본日本의 무신無信을 죄罪하려 안이 하노라. 학자學者는 강단講壇에서 정치가政治家는 실제實際에서 아我 조종세업祖宗世業을 식민지시植民地視하고, 아我 문화민족文化民族을 토매인우土昧人遇하야, 한갓 정복자征服者의 쾌快를 탐貪할 뿐이오, 아我의 구원久遠한 사회기초社會基礎와 탁락卓犖한 민족심리民族心理를 무시無視한다 하야 일본日本의 소의少義함을 책責하려 안이 하노라. 자기自

己를 책려策勵하기에 급急한 오인吾人은 타他의 원우怨尤를 가暇치 못하노라. 현재現在를 주무綢繆하기에 급急한 오인吾人은 숙석宿昔의 징변懲辨변을 가暇치 못하노라.

금일今日 오인吾人의 소임所任은 다만 자기自己의 건설建設이 유有할 뿐이오, 결決코 타他의 파괴破壞에 재在치 안이하도다. 엄숙嚴肅한 양심良心의 명령命令으로써 자가自家의 신운명新運命을 개척開拓함이오, 결決코 구원舊怨과 일시적一時的 감정感情으로써 타他를 질축배척嫉逐排斥함이 안이로다. 구사상舊思想 구세력舊勢力에 기미羈縻된 일본日本 위정가爲政家의 공명적功名的 희생犧牲이 된 부자연不自然, 우又 불합리不合理한 착오상태錯誤狀態를 개선광정改善匡正하야 자연自然, 우又 합리合理한 정경대원正經大原으로 귀환歸還케 함이로다.

당초當初에 민족적民族的 요구要求로서 출出치 안이한 양국兩國 병합倂合의 결과結果가 필경畢竟 고식적姑息的 위압威壓과 차별적差別的 불평不平과 통계숫자상統計數字上 허식虛飾의 하下에서 이해상반利害相反한 양兩 민족간民族間에 영원永遠히 화동和同할 수 없는 원구怨溝를 거익심조去益深造하는 금래실적今來實績을 관觀하라. 용명과감勇明果敢으로써 구오舊誤를 확정廓正하고, 진정眞正한 이해理解와 동정同情에 기본基本한 우호적友好的 신국면新局面을 타개打開함이 피차간彼此間 원화소복遠禍召福하는 첩경捷徑임을 명지明知할 것 아닌가.

또 이천만二千萬 함분축원含憤蓄怨의 민民을 위력威力으로써 구속拘束함은 다만 동양東洋의 영구永久한 평화平和를 보장保障하는 소이所以

가 안일 뿐 안이라, 차此로 인因하야 동양안위東洋安危의 주축主軸인 사억만四億萬 지나인支那人의 일본日本에 대對한 위구危懼와 시의猜疑를 갈수록 농후濃厚케 하야, 그 결과結果로 동양東洋 전국全局이 공도동망共倒同亡의 비운悲運을 초치招致할 것이 명明하니, 금일今日 오인吾人의 조선독립朝鮮獨立은 조선인朝鮮人으로 하야금 정당正當한 생영生榮을 수遂케 하는 동시同時에, 일본日本으로 하야금 사로邪路로서 출出하야 동양東洋 지지자支持者인 중책重責을 전全케 하는 것이며, 지나支那로 하야금 몽매夢寐에도 면免하지 못하는 불안공포不安恐怖로서 탈출脫出케 하는 것이며, 또 동양평화東洋平和로 중요重要한 일부一部를 삼는 세계평화世界平和 인류행복人類幸福에 필요必要한 계단階段이 되게 하는 것이라. 이 엇지 구구區區한 감정상感情上의 문제問題이리오.

아아! 신천지新天地가 안전眼前에 전개展開되도다. 위력威力의 시대時代가 거去하고 도의道義의 시대時代가 내來하도다. 과거過去 전 세기全世紀에 연마장양鍊磨長養된 인도적人道的 정신精神이 바야흐로 신문명新文明의 서광曙光을 인류人類의 역사歷史에 투사投射하기 시始하도다. 신춘新春이 세계世界에 내來하야 만물萬物의 회소回蘇를 최촉催促하는도다. 동빙한설凍氷寒雪에 호흡呼吸을 폐칩閉蟄한 것이 피일시彼一時의 세勢이라 하면, 화풍난양和風暖陽에 기맥氣脈을 진서振舒함은 차일시此一時의 세勢이니, 천지天地의 복운復運에 제際하고 세계世界의 변조變潮를 승乘한 오인吾人은 아모 주저躊躇할 것 업스며, 아모 기탄忌憚할 것 업도다. 아我의 고유固有한 자유권自由權을 호전護全하야 생왕生旺의 낙樂을 포향飽享할 것이며, 아我의 자족自足한 독창력獨創力을 발휘發揮하야 춘만春滿한 대계大界에 민족적民族的 정화精華를 결뉴結紐할지로다.

오등吾等이 자玆에 분기奮起하도다. 양심良心이 아我와 동존同存하며 진리眞理가 아我와 병진幷進하는도다. 남녀노소男女老少 업시 음울陰鬱한 고소古巢로서 활발活潑히 기래起來하야 만휘군상萬彙群象으로 더부러 흔쾌欣快한 부활復活을 성수成遂하게 되도다. 천백세千百世 조령祖靈이 오등吾等을 음우陰佑하며 전 세계全世界 기운氣運이 오등吾等을 외호外護하나니 착수着手가 곧 성공成功이라. 다만 전두前頭의 광명光明으로 맥진驀進할 따름인뎌.

### 공약삼장公約三章

一. 금일今日 오인吾人의 차거此擧는 정의正義, 인도人道, 생존生存, 존영尊榮을 위爲하는 민족적民族的 요구要求이니, 오즉 자유적自由的 정신精神을 발휘發揮할 것이오, 결決코 배타적排他的 감정感情으로 일주逸走하지 말라.

一. 최후最後의 일인一人까지, 최후最後의 일각一刻까지 민족民族의 정당正當한 의사意思를 쾌快히 발표發表하라.

一. 일체一切의 행동行動은 가장 질서秩序를 존중尊重하야, 오인吾人의 주장主張과 태도態度로 하야금 어대까지던지 광명정대光明正大하게 하라.

조선건국 사천이백오십이년 삼월 朝鮮建國 四千二百五十二年 三月

조선민족대표

손병희孫秉熙 길선주吉善宙 이필주李弼柱 백용성白龍城 김완규金完圭
김병조金秉祚 김창준金昌俊 권동진權東鎭 권병덕權秉悳 나용환羅龍煥
나인협羅仁協 양전백梁甸伯 양한묵梁漢默 유여대劉如大 이갑성李甲成
이명룡李明龍 이승훈李昇薰 이종훈李鍾勳 이종일李鍾一 임예환林禮煥
박준승朴準承 박희도朴熙道 박동완朴東完 신홍식申洪植 신석구申錫九
오세창吳世昌 오화영吳華英 정춘수鄭春洙 최성모崔聖模 최린崔麟
한용운韓龍雲 홍병기洪秉箕 홍기조洪基兆

사람들은 숨죽인 채 정재용의 낭독에 귀를 기울였다. 머리카락이 쭈뼛 서고, 온몸이 전율했다. 민족의 자주독립을 위해 우리 모두 떨치고 일어나 일제에게 단결된 힘을 보여줘야 한다고 생각했다. 정재용의 1,762여 자에 이르는 기미독립선언서 낭독이 끝나자 누구랄 것도 없이 모두 한마음이 되어 만세를 외쳤다.

"대한독립 만세! 조선독립 만세!"

목청껏 독립만세를 외치는 함성은 온 나라 방방곡곡으로 울려 퍼졌다. 태화관에서 체포되어 종로경찰서로 연행되던 민족대표들도 파고다공원을 지나며 그 우렁찬 소리를 들었다.

1919년 3월 1일의 만세시위 행진

시위 군중은 독립 만세를 외치며 거리로 나섰다. 가두시위는 두 갈래로 나뉘어 종로·서울역·정동·이화학당·서대문 등을 행진하며 나아갔다. 이들의 함성은 어둠이 내려앉을 때까지 이어졌다.

사실 일본경찰도 어떻게 손쓸 수 없었다. 전혀 정보가 없다가 뜻밖의 기습을 당한 것처럼 우왕좌왕했다. 일제 헌병과 기마병들은 칼을 휘두르며 시위대를 해산시키려 했으나 진압하지 못했다. 시위대의 함성이 잦아든 것은 해가 완전히 넘어간 뒤였다. 거리가 캄캄해지면서 시위 군중들은 귀가를 서둘렀다.

이날 서울 파고다공원뿐만 아니라 미리 계획했던 대로 평양·진남포·안주(평안남도), 선천·의주(평안북도), 원산(함경남도) 등 6개 도시에서

1919년 3월 3일 흥인지문 옆을 지나가는 고종 인산 행렬(사진: 서울역사박물관 소장)

도 동시에 만세시위가 있었다. 이들 지역에서도 역시 독립선언서를 낭독한 뒤 거리 행진을 하며 민중들에게 독립의식을 고취하는 한편 민족적 자존심을 되찾자는 호소가 있었다.

3·1 독립만세운동은 3월 1일 하루로 끝난 것이 아니었다. 3월 2일에는 함흥·수안·황주·중화·강서·대동·해주·개성 등 평안도·함경도·황해도의 주요 도시로 시위가 확산되었다. 서울에서도 만세시위는 계속되었고, 특히 3월 3일에는 고종의 장례식을 보기 위해 서울로 올라온 지방의 민중들이 서울 집회에 참석하거나 구경한 뒤 귀향하면서 각 지역에 새로운 운동의 동력으로 작용했다.

3월 5일, 학생들은 애초 계획했던 대로 서울역 광장에서 만세시위를 벌이며 일제의 압제를 규탄하는 한편 독립을 쟁취해야 한다고 목청껏 외쳤다.

3월 10일 이후 독립만세운동은 경상도·전라도·강원도·충청도 등 전국적인 규모로 확산되었다. 그러면서 각 지역별 만세운동은 노동자·농민·중소 상공인 등 각계각층이 적극적으로 참여하는 민중운동으로 발전했다. 이후 3·1 독립운동은 수개월에 걸쳐 범민족이 총궐기하는 양상으로 확대되었다.

이에 일제는 헌병·경찰 뿐 아니라 완전 무장 병력을 동원해 평화적 시위를 하는 군중에게 대량 학살을 감행해 곳곳에서 많은 희생자가 나왔다. 당시 일제의 통계를 인용한 박은식의 《한국독립운동지혈사韓國獨立運動之血史》에 따르면, 3월 1일부터 5월 말까지 3개월 동안 7,509명이 사망했으며, 1만 5,961명이 상해를 입었다. 4만 6,948명이 구금되었고, 교회 47개소, 학교 2개교, 민가 715채가 불탔다. 또한 3·1 독립운동은 국외로도 확산되어 만주·연해주·도쿄·오사카·필라델피아 등에서도 만세시위가 일어났다.

이렇듯 3·1 독립운동은 비록 민족대표들이 기획하고 준비했지만 민중의 마음을 노도처럼 일으켜 일제의 간담을 서늘하게 만들어 통치 방식을 바꾸게 했고(무단통치에서 문화통치로), 이후 체계적인 독립운동을 위해 상하이에 대한민국 임시정부를 수립

**■ 숫자로 보는 3·1 독립운동**
(3월 1일~5월 말)

- **총 참가자: 약 200만 명**
- **사망자: 7,509명**
- **체포자: 4만 6,948명**
- **상해자: 1만 5,961명**
- **재산 손실(소실): 민가 715채, 학교 2개교, 교회 47개소**

하게 하는 등 실질적 혁명을 완성했다.

한편 파고다공원에서 기미독립선언서를 낭독했던 정재용은 훗날 3·1 독립운동을 후세에 알리기 위해 서울 북한산(836m)의 최고 바위봉인 백운대에 올라 네 귀퉁이에 '경천애인敬天愛人'이라는 글자와 함께 "조선독립선언서는 기미년 2월 10일 최남선이 썼고 3월 1일 탑동공원에서 정재용이 독립선언 만세를 도창했다"라는 내용을 한자로 새겨놓았다.

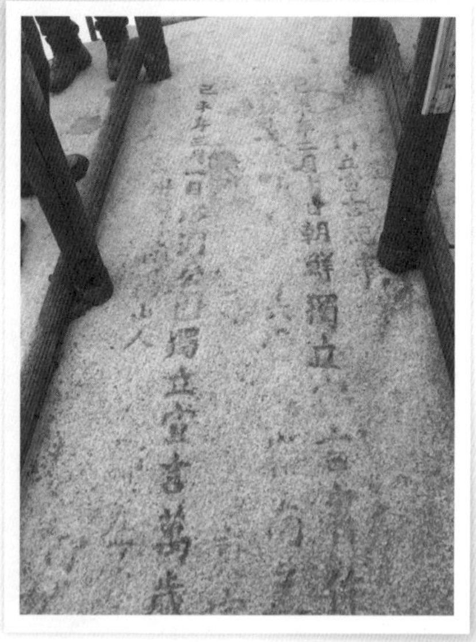

정지용이 북한산 백운대에 새긴 "조선독립선언서는 기미년 2월 10일 최남선이 썼고 3월 1일 탑동공원에서 정재용이 독립선언 만세를 도창했다"는 내용의 3·1운동 암각문

# 기미독립선언서 한글번역본*

이제 우리는 우리 조선이 독립국임과 조선인이 자주민임을 선언한다. 이를 세계만방에 알려 인류가 평등하다는 큰 뜻을 분명히 하고, 자손만대에 알려 민족자존의 올바른 권리를 영원히 누리도록 한다.

(우리는) 반만년 역사의 권위에 의지하여 독립을 선언하는 것이며, 이천만 민중의 충성스러운 마음을 모아 우리의 독립을 널리 퍼뜨려 알리는 것이고, 겨레의 한결같은 자유 발전을 위해 독립을 주장하는 것이며, 전 인류가 순수한 마음으로 바라는 세계 개조의 큰 뜻을 따르고 함께 나아가기 위해 독립을 주창하는 것이니, 이것은 하늘의 뜻이며, 시대의 큰 흐름이며, 전 인류가 더불어 함께 살아가는 권리를 얻기 위한 정당한 주장이자 활동이므로, 세상 그 무엇도 우리의 독립을 막지 못할 것이다.

구시대의 유물인 침략주의와 강권주의에 나라를 빼앗겨 오천 년 역사 이래 처음으로 다른 민족에게 자유를 억압당하는 고통을 겪은 지 오늘로써 십 년을 넘어섰다. 우리의 생존권을 빼앗긴 지 몇 년이며,

*정재환 한글문화연대 공동대표(문학박사)가 반크의 요청을 받고 번역한 한글본이다.

정신 발전의 장애를 입은 것이 얼마나 크며, 민족적 권위와 명예가 훼손당한 것은 또 얼마나 막심하며, 우리의 지식과 재능과 독창적인 발상으로 인류 문화의 큰 발전에 이바지하고 도울 기회를 얼마나 많이 놓쳤는가.

오호라, 예로부터 쌓인 억울함을 호소하려면, 지금의 고통으로부터 벗어나려면, 다가올 미래에 대한 두려움을 없애려면, 민족의 양심과 국가의 위신과 도의가 눌리어 쪼그라들고 힘없이 사그라진 것을 다시 살리고 키우려면, 저마다 자신의 인격을 올바르게 발달시키려면, 불쌍한 아들딸들에게 부끄러운 유산을 물려주지 않으려면, 우리 후손들이 길이 완전한 행복을 누리게 하려면, 가장 긴급한 임무가 민족의 독립을 이루는 것이다. 이천만이 모두 마음속에 날카로운 칼을 품고, 인류 공통의 가치와 시대의 양심이 정의의 군대가 되고 인륜과 도덕이 무기가 되어 우리를 지켜주는 오늘, 우리가 나아가 얻고자 하면 어떤 강적인들 물리치지 못할 것이며, 물러서서 계획을 세우면 어떤 뜻인들 펴지 못하겠는가!

조일수호조규(1876, 강화도 조약) 이래 수시로 양국 간의 굳은 약속을 저버렸다고 해서 일본의 신의 없음을 비난하지는 않겠다. (일본의) 학자는 강단에서 정치가는 실생활에서 우리가 선조로부터 물려받은 터전을 식민지로 삼고, 우리 문화민족을 마치 미개한 사람들처럼 취급하여 단지 정복자의 즐거움을 누릴 뿐이다. (그러나) 우리의 영원하고 무궁한 사회 기틀과 뛰어난 민족의 마음가짐을 무시한다고 해서 일본의 옳지 못함을 책망하지 않겠다. 자신을 탓하고 격려하기에 다급한 우리는 남을 원망할 수 없다. 현재를 돌보기에 바쁜 우리는 예로부터의 잘못을 따질 겨를도 없다.

오늘 우리가 할 일은 오로지 우리 자신을 다시 세우는 것이지, 결코 남을 헐뜯는 것이 아니다. 엄숙한 양심의 명령으로써 우리 민족의 새로운 운명을 개척하는 것이지, 절대로 해묵은 원한과 일시적인 감정으로 남을 시기하고 배척하는 것이 아니다. 낡은 사상과 낡은 세력에 얽매여 공명을 세우고자 했던 일본인 위정자들에 의해 만들어진 부자연스럽고 불합리한 지금의 그릇된 현실을 고치고 바로잡아 강자가 약자를 힘으로 지배하지 않는 자연스럽고 합리적인 올바른 세상으로 되돌아가는 것이다.

처음부터 우리 겨레가 원해서 된 일이 아닌 양국 병합의 결과가 근본적인 대책 없는 억압과 차별에서 오는 불평등과 (사회 발전에 대한) 거짓된 통계숫자 때문에 이해가 엇갈린 두 민족 사이에 화합할 수 없는 원한의 도랑이 날이 갈수록 깊어지는 지금까지의 사정을 한번 살펴보라. 용감하고 과감하게 예전의 잘못을 바로잡고, 참된 이해와 인도주의를 바탕으로 친하게 지내는 새 시대를 여는 것이 서로 화를 멀리하고 행복을 불러들이는 지름길이라는 것을 똑똑히 알아야 할 것이다.

또한 울분과 원한이 겹겹이 쌓인 이천만 조선인을 힘으로 억누르는 것은 결코 동양의 영원한 평화를 보장하는 방법이 아닐 뿐만 아니라, 동양의 안전과 위기를 좌우하는 사억 중국인들의 일본에 대한 두려움과 시기를 갈수록 깊게 하여, 동양 전체가 함께 쓰러져 망하는 비극을 초래할 것이 분명하다. 오늘 우리가 조선독립을 선포하는 까닭은 조선 사람으로 하여금 정당한 번영을 이루게 하는 동시에, 일본으로 하여금 잘못된 길에서 벗어나 동양의 안전을 지켜나갈 무거운 책임을 통감케 하는 것이며, 중국으로 하여금 꿈속에서도 벗어나지 못하는 불안과 공포로부터 해방되게 하는 것이며, 세계평화의 중요한 요소로서 동양평화를 실현하여 전 인류의 복지에 반드시 있어야 할 단계를 만드는 것이다. 이것이 어찌 졸렬한 감정상의 문제이겠느냐.

아아, 새 하늘과 새 땅이 눈앞에 펼쳐지는구나. 힘의 시대는 가고 도덕의 시대가 온다. 지나간 세기를 통해 깎고 다듬어온 인도적 정신이 바야흐로 새로운 문명의 찬란한 빛을 인류 역사에 던지기 시작한다. 새봄이 온 누리에 찾아들어 만물의 소생을 재촉한다. 찬바람과 꽁꽁 언 얼음 때문에 숨도 제대로 쉬지 못한 것이 지난 시대의 불길한 기운이었다면, 온화한 바람과 따뜻한 햇볕으로 서로 통하는 것이 다가올 시대의 상서로운 기운이니, 하늘과 땅에 새 생명이 되살아나는 이때에 세계 변화의 도도한 물결에 올라탄 우리에게는 주저하거나 거리낄 그 어떤 것도 없다. 우리는 우리가 본디 타고난 자유권을 지켜 풍성한 삶의 즐거움을 마음껏 누릴 것이며, 우리가 넉넉히 지닌 독창적 능력을 발휘하여 봄기운이 가득한 온 누리에 조선 민족의 우수함을 꽃피우리라.

그래서 우리는 분연히 일어나는 것이다. 양심이 우리와 함께 있고, 진리가 우리와 더불어 전진하니, 남녀노소 구별 없이 음침한 옛집에서 뛰쳐나와 세상에 존재하는 모든 것들과 더불어 즐거운 부활을 이룩할 것이다. 천만년을 이어오는 조상들의 넋이 우리를 안으로 지키고, 전 세계의 움직임이 우리를 밖에서 보호하니, 일을 시작하기만 하면 곧 성공을 이룰 것이다. 오로지 저 앞의 빛을 따라 힘차게 전진할 따름이다.

### 공약삼장

하나, 오늘 우리들의 거사는 정의·인도·생존·번영을 찾는 겨레의 요구이니, 오직 자유정신을 발휘할 것이고, 결코 배타적 감정으로 치닫지 말라.

하나, 최후의 일인까지, 최후의 일각까지 민족의 올바른 의사를 당당하게 발표하라.

하나, 모든 행동은 먼저 질서를 존중하여 우리들의 주장과 태도를 어디까지나 공명정대하게 하라.

조선 나라를 세운 지 사천이백오십이년 되는 해 삼월

민습民習의 완고부패에 신사상이 시급하며, 민습의 우미愚迷에 신교육이 시급하며, 열심의 냉각에 신제창이 시급하며, 원기의 모패耗敗에 신수양이 시급하며, 도덕의 타락에 신윤리가 시급하며, 문화의 쇠퇴에 신학술이 시급하며, 실업의 조췌凋悴에 신규범이 시급하며, 정치의 부패에 신개혁이 시급이라. 천만 가지 일에 신新을 기다리지 않는 바 없도다.

무릇 우리 대한인은 내외를 막론하고 통일 연합으로써 그 진로를 정하고 독립 자유로써 그 목적을 세움이니…… 장래 억만년 신한국의 초년의 흥국민興國民을 지으려는가. 오라! 우리 대한신민이여!('대한신민회 취지서' 중에서)

## 제2부

# 역사가 독립선언서를 불렀다!

運命을開拓함이오決코舊怨과一時的感情으로써他를嫉逐排斥함이안이로다

力에羈縻된日本爲政家의功名的犧牲이된不自然又不合理한錯誤狀態를改善匡正하야自然又合理한正經大原으로歸還케함이로다當初에民族的要求로서出치안이한兩國倂合의結果가畢竟姑息的威壓과差別的不平과統計數字上虛飾의下에서利害相反한兩民族間에永遠히和同할수업는怨溝를去益深造하는今來實績을觀하라勇明果敢으로써舊誤를廓正하고眞正한理解와同情에基本한友好的新局面을打開함이彼此間遠禍召福하는捷徑임을明知할것안인가또二千萬含憤蓄怨의民을威力으로써拘束함은다만東洋의永久한平和를保障하는所以가안일뿐안이라此로因하야東洋安危의主軸인四億萬支那人의日本에對한危懼와猜疑를갈스록濃厚케하야그結果로東洋全局이共倒同亡의悲運을招致할것이明하니今日吾人의朝鮮獨立은朝鮮人으로하야금正當한生榮을遂케하는同時에日本으로하야금邪路로서出하야東洋支持者인重責을全케하는것이며支那로하야금夢寐에도免하지못하는不安恐怖로서脫出케하는것이며또東洋平和로重要한一部를삼는世界平和人類幸福에必要한階段이되게하는것이라이엇지區區한感情上問題ㅣ리오

아아新天地가眼前에展開되도다威力의時代가去하고道義의時代가來하도다過去全世紀에鍊磨長養된人道的精神이바야흐로新文明의曙光을人類의歷史에投射하기始하도다新春이世界에來하야萬物의回穌를催促하는도다凍氷寒雪에呼吸을閉蟄한것이彼一時의勢ㅣ라하면和風暖陽에氣脈을振舒함은此一時의勢ㅣ니天地의復運에際하고世界의變潮를乘한吾人은아모躊躇할것업스며아모忌憚할것업도다我의固有한自由權을護全하야生旺의樂을飽享할것이며我의自足한獨創力을發揮하야春滿한大界에民族的精華를結紐할지로다

吾等이玆에奮起하도다良心이我와同存하며眞理가我와幷進하는도다男女老少업시陰鬱한古巢로서活潑히起來하야萬彙群象으로더부러欣快한復活을成遂하게되도다千百世祖靈이吾等을陰佑하며全世界氣運이吾等을外護하나니着手가곳成功이라다만前頭의光明으로驀進할따름인뎌

## 公約三章

一、今日吾人의此擧는正義、人道、生存、尊

宣言書

# 일제의 조선 강제합병

"한국 황제 폐하는 한국 전체에 관한 일체 통치권을 완전히 또 영구히 일본 황제 폐하에게 양여하고, 일본국 황제 폐하는 앞 조항에 기재된 양여를 수락하고, 완전히 한국을 일본 제국에 병합하는 것을 승낙한다."

우리가 '경술국치일庚戌國恥日'이라 부르는 날인 1910년 8월 29일, '일본이 한국을 식민지로 삼는다'는 의미를 담은 '한일병탄조약' 7개항이 발표된다. 발표 일주일 전인 22일에 이미 대한제국 내각총리대신 이완용과 일본의 3대 한국통감 데라우치 마사타케寺內正毅가 조인을 마친 상태였다.

여기서 이완용과 송병준 등이 나라를 일본에 팔아먹은 얘기를 자세히 할 생각은 없다. 다만 우리가 1919년 3월 1일 왜 독립을 선언할 수밖에 없었는지 그 원인에 대해 기본적인 언급 정도는 필요하지 않을까 싶어서 간략하게나마 다루고자 한다.

그 이전에도 야금야금 야욕을 드러내긴 했지만, 일본이 한국을 식민지로 삼으려고 한 것은 1894년 청일전쟁 때로 거슬러 올라간다. 알다시피 청일전쟁은 청나라와 일본이 조선의 지배권을 놓고 맞붙은 전쟁이다. 시쳇말로 자기네들이 뭔데 조선을 놓고 서로 지배하겠다고 난리법석을 떤단 말인가. 당시 조선군은 동학민중항쟁으로 정세가 급박하게 돌아가자 청나라에 군대 파병을 요청하였던 터여서 청나라 군대가 이미 들어와 있었고, 일본도 텐진 조약(1885)을 빌미로 조선에 군대를 파병했다.

결국 이 전쟁은 일본의 승리로 끝난다. 철저하게 준비한 일본을 부패한 청나라로서는 당해낼 재간이 없었다. 그리하여 일본은 1895년 4월 청나라와 시모노세키下關(당시는 馬關) 조약을 체결해 전후 처리 문제를 합의한다. 일본은 승전 대가로 중국 영토인 랴오둥 반도遼東半島와 타이완臺灣 등을 할양받는다.

한편 당시 만주로의 진출을 꾀하고 있던 러시아는 일본이 랴오둥 반도를 장악하자 닭 쫓던 개 지붕만 쳐다보는 신세가 됐다. 이에 프랑스·독일을 설득해서 함께 이 일에 간섭하여 랴오둥 반도를 중국에 반환토록 압박했다. 역사에서는 이 사건을 '삼국 간섭'이라고 부른다.

결국 힘의 열세를 느낀 일본은 랴오둥 반도를 반환한다.

상황이 이렇게 되자 일본은 다 된 밥에 코 빠뜨린 상황이 되어 러시아에 대한 적개심이 날로 커졌다. 더욱이 청일전쟁의 성과로 조선에 대한 내정간섭을 가속화하던 중 아관파천俄館播遷(1896)이 일어나면서 조선 내 친일 개화파 내각이 붕괴된다.

을미사변乙未事變(1895년 일본공사 미우라 고로가 주동이 되어 명성황후를 시해한 사건) 이후 단발령 등 친일 정부의 개혁적 조치가 내려지자 이에 반발해 전국 곳곳에서 의병이 일어난다. 이때 의병 진압을 위해 군대가 지방으로 내려가 서울에는 군사력 공백이 생긴다. 이 틈을 타 친미·친러 세력이 고종에게 아라사俄羅斯, 즉 러시아 공사관으로 거처를 옮길 것을 종용한다. 결국 고종은 세자였던 순종과 함께 1896년 2월 11일 새벽에 러시아 해군의 호위를 받으면서 경복궁을 떠나 러시아 공사관으로 피신하였는데, 이를 '아관파천'이라 한다. 고종은 일 년간 러시아 공사관에 거처했고, 이후에는 당연히 친러 정권이 들어섰고 각종 경제적 이권이 러시아로 넘어갔다.

이래저래 고민이 깊어진 일본은 러시아와 전쟁을 벌이지 않고는 이 문제를 해결할 수 없고, 나아가 대한제국을 식민지로 삼을 수 없다는 위기감을 느꼈다. 그리하여 러시아와의 일전을 벌일 계획을 세운 다음 미국의 도움을 받아 10여 년 동안 철저히 준비한다.

1904년 2월 8일, 마침내 일본은 러시아의 영향 아래 있던 뤼순旅順을 공격하면서 러일전쟁을 일으킨다. 사실 일본은 대러시아 선전포고를 전쟁 개시 이틀 뒤인 10일에야 했다. 일본 특유의 야비함이 그대로 묻어나는 전략이었다.

러일전쟁은 노골적으로 말해 두 나라가 한국을 두고 벌인 전쟁이나 다름없다. 이때 세계 여론은 일본의 형세가 수레바퀴(러시아) 앞의 사마귀(일본), 즉 당랑거철螳螂拒轍 신세라며 러시아의 대승을 예견했다. 그러나 2년에 걸친 전쟁은 일본의 승리로 끝난다(1905년 9월 루스벨트 미국 대통령의 중재로 미국 포츠머스에서 강화조약 체결). 여기에는 전쟁 준비 단계에서 재정적 지원을 아끼지 않은 미국의 지원이 크게 한몫했다.

한편 러일전쟁이 한창이던 무렵인 1904년 8월, 일본은 우리나라와 제1차 '한일협정서'를 맺어 일본 관리들이 우리의 외교·군사·재정에 대한 고문 역할을 담당한다는 '고문정치'를 시작한 바 있다. 아울러 사실상 일본이 우리나라의 주권을 접수하자 매국노로 지탄받는 송병준 등의 인사들이 친일 어용단체 '일진회一進會'를 조직해 조선의 강제적 병합을 청원하기에 이른다.

또한 1905년 7월에 일본은 미국과 '가쓰라-태프트 밀약The Katsura-Taft Agreement'을 체결한다. 이 조약은 일본의 한국 지배를 대외에 공표하는 효과를 지녔다. 밀약의 3개 조항은 다음과 같다.

> 첫째, 미국이 필리핀을 통치하고 일본은 필리핀을 침략할 의도를 갖지 않는다.

둘째, 극동의 평화 유지를 위해 미국·영국·일본은 동맹관계를 확보해야 한다.

셋째, 미국은 일본의 한반도에 대한 지배적 지위를 인정한다.

미국과의 밀약에서 한국 지배를 인정받은 일본은 내친 김에 다른 나라들에게도 마찬가지 공략을 한다. 1905년 8월 제2차 영일동맹을 맺어 영국에게도 한반도에 대한 지배권을 인정받았고, 9월에는 포츠머스 조약을 체결해 러시아에게도 한반도에 대한 지배권을 인정받기에 이른다.

그해(1905) 11월 9일, 이토 히로부미伊藤博文는 고종황제에게 일왕의 칙서를 내밀며 대한제국의 외교권을 일본에 넘기는 조약 체결을 요구한다. 고종이 끝내 반대하자 11월 17일 이토 히로부미는 헌병을 대동하고 대궐로 들어왔다. 그리고 고종이 불참한 가운데 어전회의를 열고, 대신 한 사람 한 사람에게 조약에 대한 찬성 여부를 물었다.

이 회의에 참석한 대신은 참정대신 한규설韓圭卨, 탁지부대신 민영기閔泳綺, 법부대신 이하영李夏榮, 학부대신 이완용李完用, 군부대신 이근택李根澤, 내부대신 이지용李址鎔, 외부대신 박제순朴齊純, 농상공부대신 권중현權重顯 등이었다.

이때 한규설이 소리 높여 통곡하자 이토는 "별실로 데려가 떼를 쓰거든 죽여도 좋다"고 고함을 쳤다고 한다. 이 자리에서 한규설과 민영기는 조약 체결에 적극적으로 반대했고, 이하영과 권중현은 소극적

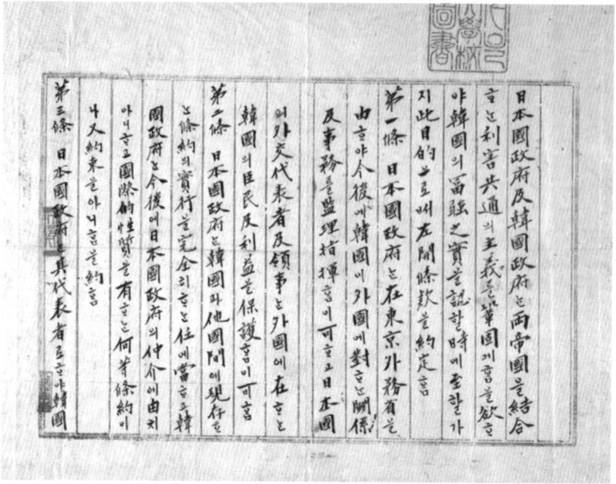

日本國政府及韓國政府는兩帝國을結合ᄒᆞᄂᆞᆫ利害共通의主義를鞏固케홈을欲ᄒᆞ야韓國의富强之實을認ᄒᆞᆯ時에至ᄒᆞᆯ가지此目的으로써左開條款을約定홈

第一條 日本國政府는在東京外務省을由ᄒᆞ야今後에韓國이外國에對ᄒᆞᄂᆞᆫ關係及事務를監理指揮홈이可ᄒᆞ고日本國의外交代表者及領事는外國에在ᄒᆞᄂᆞᆫ韓國의臣民及利益을保護홈이可홈

第二條 日本國政府는韓國과他國間에現存ᄒᆞᄂᆞᆫ條約의實行을完全히ᄒᆞᄂᆞᆫ任에當ᄒᆞ고韓國政府는今後에日本國政府의仲介에由치아니ᄒᆞ고國際的性質을有ᄒᆞᄂᆞᆫ何等條約이나又約束을아니홈을約홈

第三條 日本國政府는其代表者로ᄒᆞ야韓國

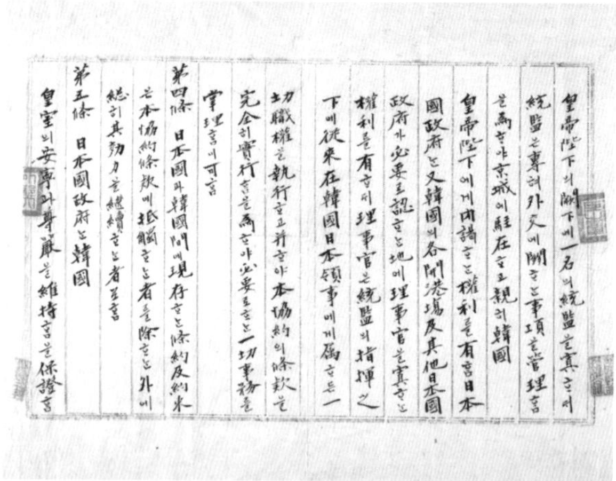

皇帝陛下의闕下에一名의統監을寘ᄒᆞ되統監은專히外交에關ᄒᆞᄂᆞᆫ事項을管理홈을爲ᄒᆞ야京城에駐在ᄒᆞ고親히韓國

皇帝陛下에게內謁ᄒᆞᄂᆞᆫ權利를有홈日本國政府는又韓國의各開港場及其他日本國政府가必要로認ᄒᆞᄂᆞᆫ地에理事官을寘ᄒᆞᄂᆞᆫ權利를有ᄒᆞ되理事官은統監의指揮之下에從來在韓國日本領事에게屬ᄒᆞ든一切職權을執行ᄒᆞ고并ᄒᆞ야本協約의條款을完全히實行홈을爲ᄒᆞ야必要로ᄒᆞᄂᆞᆫ一切事務를掌理홈이可홈

第四條 日本國과韓國間에現存ᄒᆞᄂᆞᆫ條約及約束은本協約條款에抵觸ᄒᆞᄂᆞᆫ者를除ᄒᆞᄂᆞᆫ外에總히其効力을繼續ᄒᆞᄂᆞᆫ者로홈

第五條 日本國政府는韓國

皇室의安寧과尊嚴을維持홈을保證홈

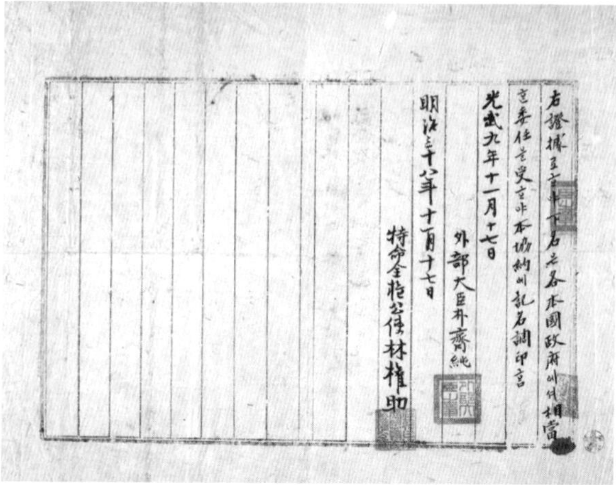

右證據로ᄒᆞ야下名은各本國政府에서相當ᄒᆞᆫ委任을受ᄒᆞ야本協約에記名調印홈

光武九年十一月十七日

外部大臣朴齊純

明治三十八年十一月十七日

特命全權公使林權助

을사늑약 전문

1905년 11월17일 을사늑약 체결 후 한일 수뇌부가 찍은 기념 사진
(사진: 서울역사박물관 소장, 로이터 통신원과 미국공사관 부영사를 지낸 윌러드 스트레이트 촬영)

반대, 나머지는 찬성이었다. 권중현은 나중에 찬성으로 돌아선다.

결국 5명이 찬성함으로써 조약이 체결되었다(우리 역사는 박제순·이지용·이근택·이완용·권중현 5명을 두고 '을사오적'이라 부른다). 이 조약이 바로 제2차 한일협약이라 불리는 '을사늑약乙巳勒約'(1905. 11. 17)이다.

"일본국 정부는 한국과 타국 사이에 현존하는 조약의 실행을 완수할 임무가 있으며, 한국 정부는 금후 일본국 정부의 중개를 거치지 않고는 국제적 성질을 가진 어떤 조약이나 약속도 하지 않기로 상약한다."

1905년 11월 20일자 〈황성신문〉에 발표된 사설 〈시일야방성대곡〉

이리하여 대한제국은 공식적인 외교권을 일본에 강제로 빼앗기고 말았다. 그 결과에 따라 이듬해(1906) 2월, 일본은 우리나라에 통감을 두어 "오로지 외교에 관한 사항을 관리하기 위해 경성(서울)에 주재하고 한국 황제폐하를 친히 내알內謁할 권리"를 갖게 했다.

을사늑약 체결 소식이 알려지자 전국에서 우리 민족의 저항이 거세게 일어났다. 유생과 관리들은 상소 투쟁을 하는 한편, 〈황성신문〉의 주필이었던 장지연張志淵은 11월 20일자 사설 〈시일야방성대곡是日也放聲大哭〉을 발표한다(훗날 장지연의 친일 문제가 도마 위에 오르지만 여기서는 논외로 친다). '이날, 목 놓아 통곡하노라'라는 제하의 글 일부를 읽어보자.

> 저 개돼지만도 못한 소위 우리 정부의 대신이란 자들은 자기 일신의 영달과 이익이나 바라면서 위협에 겁먹어 머뭇대거나 벌벌 떨며 나라를 팔아먹는 도적이 되기를 감수했던 것이다. 아, 사천 년의 강토와 오백 년의 사직을 남에게 들어 바치고 이천만 생령들로 하여금 남의 노예 되게 하였으니, 저 개돼지보다 못한 외무대신 박제순과 각 대신들이야 깊이 꾸짖을 것도 없다.

고종은 조약이 체결된 지 나흘 뒤인 22일, 미국에 체재중인 황실고문 헐버트H. B. Hulburt에게 전보를 보내 조약이 무효임을 미국에 전달하라고 지시했다.

> "짐은 총칼의 위협과 강요 아래 최근 양국 사이에 체결된 이른바 보호조약이 무효임을 선언한다. 짐은 이에 동의한 적도 없고 금후에도 결코 아니 할 것이다. 이 뜻을 미국정부에 전달하기 바란다."

하지만 별 성과를 얻지는 못했다. 이러한 상황에서 상심하고 있던 차 1906년 6월 평화회의의 주창자인 러시아 황제 니콜라스 2세Nicholas II가 극비리에 고종에게 제2회 만국평화회의 초청장을 보내왔다.

고종은 만국평화회의가 일제의 폭력적 침략을 세계에 알리는 절호의 기회일 뿐만 아니라 을사늑약의 무효를 주장할 수 있다고 판단하고 특사를 파견했다. 이상설李相卨(전 의정부참찬), 이준李儁(전 평리원검

헤이그 밀사 3인 – 좌로부터 이준, 이상설, 이위종(사진: 근현대사박물관 소장)

사), 이위종李瑋鍾(주로한국공사관駐露韓國公使館 참서관參書官) 세 사람을 만국평화회의가 열리는 네덜란드 헤이그로 보낸 것이다. 이것이 '헤이그 밀사 사건'이다.

그러나 일본과 마음이 맞은 영국까지 방해 공작을 폈고, 각국 대표단 역시 별다른 관심을 보이지 않아 대표단은 회의에서 발언할 기회조차 얻지 못했다. 그나마 세계 언론인을 대상으로 우리의 실정을 호소하는 연설을 할 수 있었던 것에 만족해야 했다. 이 연설로 인해 세계 각국의 신문에 보도되기는 했지만, 그 이상도 그 이하도 아니었다. 결국 실패했다.

그런데 이 사건은 단순히 실패로만 끝난 것이 아니다. 일본은 한국을 병합하는 데 여러 가지 걸림돌이 있지만, 허수아비쯤으로 생각했던 고종이 더 골치 아픈 존재라는 인식을 갖게 됐다. 이에 그다음 수순은 예상한 바대로다. 1907년 7월 20일 덕수궁 중화전에서 고종은 일본의 요구대로 강제 퇴위식을 할 수밖에 없었다. 고종을 강제로 폐위시킨 일본은 당시 서른네 살이던 고종의 아들 '척坧'을 황제에 즉위시켰다. 그가 순종황제다.

당시 고종 폐위에 대한 상황을 〈뉴욕타임스〉는 7월 20일자에 '유럽에 친구가 없다'는 제목의 기사로 실었다.

> 다음 날 아침 신문에서는 폐위된 황제를 동정하는 목소리를 찾아볼 수 없다. 일본에 맞선 행위는 쓸데없는 시도로 자신의 운명을 자초한 것으로 보았다. 〈데일리 텔레그래프〉는 농담조로 "헤이그 회의를 너무 진지하게 받아들였다"고 썼다. 황제 폐위는 한국을 위해선 가장 좋은 일이었다는 게 대체적인 의견이다. 〈데일리 텔레그래프〉는 "결국 한국은 지리적 위치상 전쟁의 전리품이 될 수밖에 없다. 최근 전쟁의 결과가 바뀌지 않는 한, 한국의 일본 식민지화는 이제 시간문제다"라고 보도했다.

이제 우리의 운명은 풍전등화라는 표현조차 어울리지 않을 만큼 실질적인 일본의 식민지가 된 것과 다름없었다. 일본은 1907년 7월 24일 '정미늑약(3차 한일협약, 한일 신협약, 정미 7늑약 등으로도 불림)'을 체결함으로써 대한제국을 식민지로 삼으려는 야심을 더욱 노골적으로 드러냈다. 이는 일본이 한국을 강점하기 위한 예비 조처로서 체결한 7개 항목의 조약이다.

정미늑약은 일본인 관리를 대한제국 정부의 차관으로 임명하고, 통감부가 내정을 직접 지배하도록 하는 내용을 담고 있다. 조약 체결 결과 대한제국 정부가 통감부의 통제 아래에 있는 차관의 수중에 들어감으로써 대한제국은 사실상 일본의 지배하에 놓였다. 하지만 일본은 실질적 지배를 넘어 완벽한 식민 지배가 필요했다.

이런 상황이 계속되는 가운데 친일파들은 한시바삐 일제의 식민 지배를 받고 싶어 안달이었다. 일진회의 송병준은 수차례 합병을 역설했지만 자꾸 지체되는 바람에 더 이상 기다리지 못하고 1909년 2월에 직접 일본으로 건너가 가쓰라 다로桂太郎 수상 등 일본의 인사들과 소위 매국 흥정을 벌였다.

일진회 고문인 스기야마 시게마루杉山茂丸가 병합의 시나리오를 준비했다. 일본은 한국 병탄을 1909년 7월 6일 내각회의에서 이미 확정했다. 그리고 1910년 8월 22일, 앞에서 언급한 '한일병탄조약韓日併呑條約'(경술늑약)을 체결했다. 이에 대해 순종은 훗날 승하(1926년 4월 26일)하면서 이런 유조(유언)를 남기기도 했다.

"지난날의 병합 인준은 강린强隣(강한 이웃 즉 일본 - 필자)이 역신의 무리(이완용 등 친일파를 지칭 - 필자)와 더불어 제멋대로 해서 선포한 것

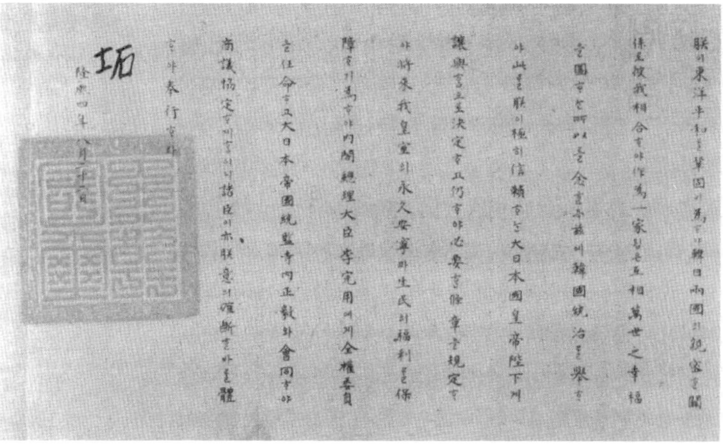

**한일합병조약의 대한제국 측 전권위임장**

관례와는 다르게 순종의 이름 '척(坧)'이 서명에 들어갔다. 그러나 이 서명은 위조된 것이다.

(사진: 서울대 규장각 한국학연구원 소장)

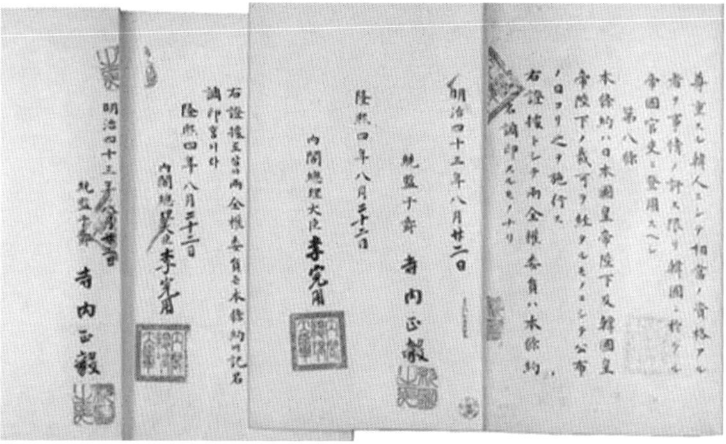

**한일합병조약 전권위원들의 기명 날인**

(사진: 서울대 규장각 한국학연구원 소장)

이요, 다 내가 한 바가 아니다."

순종의 이 같은 유조로 미루어 보건대 일제는 정당한 방법으로 우리나라를 병탄한 것이 아니었다는 추측이 가능하다. 또한 서울대 이태진 교수는 2005년에 한일합병조약이 무효라는 사실을 확인했다고 발표한 바 있다.

이태진 교수는 서울대 규장각에 보관돼 있는 순종황제의 칙유문 등 강제적 국권 상실과 관련한 자료들을 분석했는데, 칙유문에는 국새 대신 어새가 찍혀 있고, 순종황제 친필 서명도 없었다. 국새는 국가를 상징하는 임금의 인장으로 국가 문서에 사용하고, 어새는 국내의 행정적 결재에 사용하는 것으로 알려져 있다. 따라서 순종황제의

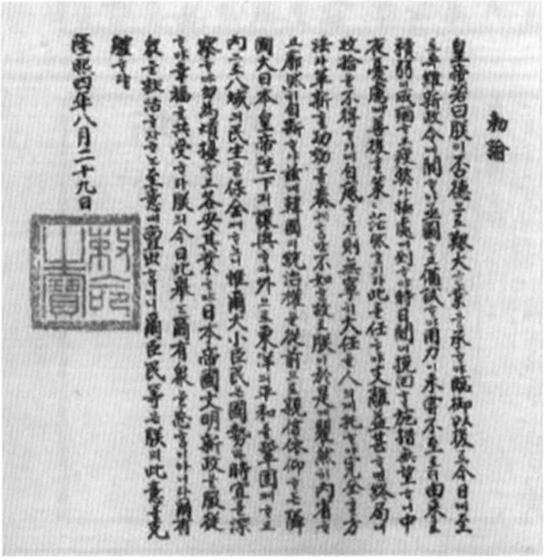
勅諭

隆熙四年八月二十九日

국새 대신 어새가 찍혀 있는 한일합병조약의 순종황제 칙유문

(사진: 서울대 규장각 한국학연구원 소장)

최종 승인 절차에 결정적인 결함이 있다.

그렇다면 일제는 이완용에게 전권을 위임한다는 위임장을 강제로 받아낼 수는 있었을지언정 실질적인 순종의 최종 비준 절차를 밟지는 못한 셈이 된다.

이에 대해 서울대 이태진 교수는 "한일합병조약을 알리는 황제의 칙유가 일본정부에 의해 작성됐으며, 순종이 이에 대한 서명을 거부했거나 하지 않은 사실이 자료로 확인됐다"고 했다.

또한 1965년 한일기본조약 제2조에서는 이 조약의 불법성을 시사하고 있어 눈길을 끈다.

> "1910년 8월 22일 이전에 대한제국과 일본 사이에 체결된 조약 등은 모두 '이미 무효임'이 확인된다."

그렇다면 일본은 한국을 합법적으로 식민 지배한 것이 아니라 불법 지배한 것이 된다.

아무튼 한국을 완전히 식민지로 삼은 일본은 대한제국과 국민들을 그냥 놔두지 않았다. 일본제국은 조선총독부를 세워 행정은 물론이거니와 사법·군사·외교 등 전반적인 통치행위를 했는데, 그 방법이 소위 '무단통치武斷統治'였다. 무단통치는 무력을 바탕으로 한 통치로, 그 대표적인 것이 군대와 경찰을 통한 지배다.

일제는 함경도 나남과 서울 용산에 각각 사단 본부를 둔 육군 2개

**■ 일제의 대한제국 강제합병 과정**

- 1897년 대한제국 선포
- 1898년 대한제국 광무 개혁
- 1904년 한일의정서 체결
  : 일본 군사기지 제공
- 1904년 제1차 한일협약
  : 일제 고문정치 시작
- 1905년 제2차 한일협약(을사늑약)
  : 외교권 박탈, 통감부 설치
- 1907년
  고종 헤이그 특사 파견
  고종 강제 퇴위
  정미늑약(정미 7늑약, 제3차 한일협약, 한일 신협약): 군대 해산
- 1909년
  기유각서: 사법권 피탈
  안중근, 이토 히로부미 사살
- 1910년 경술늑약(한일병탄늑약)

사단을 주둔하는 한편, 1만 4,000명의 헌병경찰을 이용해 강압적이고 비인도적인 통치를 시행했다. 아카시 모토지로明石元二郎는 이 상황을 '기포성산碁布星散'이란 말에 빗대어 표현하기도 했다. 바둑판에 포석을 하듯 바둑알을 촘촘히 놓고 하늘에 떠 있는 별처럼 헌병과 경찰을 깔아놓는 방법으로 우리 국민들을 감시하고 잔혹하게 탄압한 것이다.

또한 일제는 1910년부터 우리나라에서 토지조사사업을 실시했다. 토지 소유권, 토지 가격, 지형지모地形地貌 등을 조사한다는 명분이었지만 실질적으로 토지를 수탈하기 위한 조사였다. 이 결과 조선총독부가 전국의 40%에 달하는 논과 밭, 산을 차지하는 반면 토지를 소유하고 있던 수백만의 농민이 토지를 빼앗기고 소작인이나 노동자로 전락했다. 빼앗은 토지는 일본인들에게 헐값이 불하하거나 무상으로 주었다.

일제가 이렇게 서둘러 토지조사사업을 벌인 것은 지세수입地稅收入 때문이었다. 이권만 있으면 기회를 엿보는 일본이 강제로 대한제국을

합병한 이후 1914년 제1차 세계대전에 참가한 것만 봐도 그렇다. 이 전쟁을 수행하려면 막대한 자금과 물자가 필요할 터, 그 자금과 물자를 식민지 대한제국에서 충당하는 것도 매우 중요한 방안이었던 것이다. 이후 이들의 수탈은 말로 형언하기 어려울 만큼 피도 눈물도 없었다.

1917년에 실시한 임야조사 역시 토지조사와 크게 다를 바 없다. 막대한 국·공유림은 물론이거니와 사유림까지 대부분을 조선총독부 소유로 약탈하여 일본인들에게 불하했다. 그 뒤 산주가 된 일본인들이 수백 년이 된 울창한 나무들을 마구 베어 일본으로 실어가는 한편 여러 나라에 수출하기까지 했던 사실은 우리가 익히 아는 바다. 이뿐만 아니라 금·은·철·아연·중석 같은 전국의 지하자원도 조사했고, 일본인에게 그 채굴권을 주어 광물을 일본으로 실어 갔다. 이 시절의 생활상을 신채호의 《조선혁명선언》의 한 구절로 대체한다.

> 강도 일본이 우리의 국호를 없이 하며, 우리의 정권을 빼앗으며, 우리의 생존적 필요조건을 다 박탈하였다. 경제의 생명인 산림·천택川澤·철도·광산·어장 내지 소공업 원료까지 다 빼앗아 일체의 생산 기능을 칼로 베며 도끼로 끊고, 토지세·가옥세·인구세·가축세·백일세百一稅·지방세·주초세酒草稅·비료세·종자세·영업세·청결세·소득세…… 기타 각종 잡세가 날로 증가하여 혈액은 있는 대로 다 빨아가고, 어지간한 상업가들은 일본의 제조품을 조선인에게 매개하는 중간인

이 되어 차차 자본 집중의 원칙하에서 멸망할 뿐이오, 대다수 인민과 일반 농민들은 피땀을 흘리어 토지를 갈아, 그 일 년 내내 소득으로 자기 한 몸과 처자의 호구거리도 남기지 못하고, 우리를 잡아먹으려는 일본 강도에게 갖다 바치어 그 살을 찌워주는 영원한 소·말이 될 뿐이오, 끝내는 그 소·말의 생활도 못하게 일본 이민의 수입이 해마다 높고 빠른 비율로 증가하여 '딸깍발이' 등쌀에, 우리 민족은 발 디딜 땅이 없어 산으로, 물로, 서간도로, 북간도로, 시베리아의 황야로, 몰리어가 굶주린 귀신으로부터 떠돌아다니는 귀신이 될 뿐이며, 강도 일본이 헌병정치·경찰정치를 힘써 행하여 우리 민족이 한 발짝의 행동도 마음대로 못하고, 언론·출판·결사·집회의 일체 자유가 없어, 고통과 울분과 원한이 있으면 벙어리의 가슴이나 만질 뿐이오, 행복과 자유의 세계에는 눈뜬 소경이 되고, 자녀가 나면, '일어를 국어라, 일문을 국문이라' 하는 노예 양성소-학교로 보내고, 조선 사람으로 혹 조선사를 읽게 된다 하면 '단군을 속여 스사노오노 미코토素戔嗚尊의 형제'라 하여 '삼한시대 한강 이남을 일본이 다스리는 땅'이라 한 일본놈들의 적은 대로 읽게 되며, 신문이나 잡지를 본다 하면 강도정치를 찬미하는 반半일본화한 노예적 문자뿐이며, 똑똑한 자제가 난다 하면 환경의 압박에서 세상을 비관하고 절망하는 타락자가 되거나 그렇지 않으면 '음모사건'의 명칭하에 감옥에 구류되어, 주리를 틀고 목에 칼을 씌우고, 당근질·채찍질·전기질, 바늘로 손톱 밑과 발톱 밑을 쑤시는, 팔다리를 달아매는, 콧구멍에 물 붓는, 생식기에 심지를 박는 모든 악형, 곧 야만 전제국의 형률刑律, 사전에도 없는 갖은 악형을 다 당하고 죽거나, 요행히 살아 감옥 문에서 나온대야 평생 불구의 폐인이 될 뿐이라. 그렇지 않을지라도 발명 창작의 본능은 생활의 곤란에서 단절하며, 진취 활발의 기상은 처한 형편의 압박에서 소멸되어 '찍도 짹도' 못하게 각 방면의 속박·채찍질·구박·압제를 받아, 바다에 둘러싸인 삼천리가 하나의 큰 감옥이 되어, 우리 민족은 아주 인류의 자각을 잃을 뿐 아니라, 곧 자동적 본능까지 잃어 노예부터 기계가 되어 강도 수중의 사용품이 되고 말 뿐이며, 강도 일본이 우리의 생명을 지푸라기로 보아, 을사 이후 13도의 의병 나던 각 지방에서 일본군대가 행한 폭행도 이루 다 적을 수 없거니와, 즉 최근 3·1 독립운동 이후 수원·선천 등이 국내 각지부터 북간도·서간도·노령 연해주(20세기 초 대한제국 사람들은 러시아의 연해주를 '노령露領'이라고 불렀다. - 필자) 각처까지 도처에 주민을 도륙한다, 촌락을 불 지른다, 재산을 약탈한다, 부녀를 능욕한다, 목을 끊는다, 산 채로 묻는다, 불에 사른다, 혹 몸을 두 동가리 세 동가리로 내어 죽인다, 아동을 잔혹하게 다룬다, 부녀의 생식기를 파괴한다 하여, 할 수 있는 데까지 참혹한 수단을 써서 공포와 전율로 우리 민족을 압박하여 인간의 '산송장'을 만들려 하는도다.

# 신민회와 105인 사건

나라가 일제의 식민 지배하에 들어가자 뜻 있는 애국지사는 물론이거니와 일반 국민들도 나라의 이런 꼴을 가만히 앉아서 보고만 있지는 않았다. 전국 곳곳에서 의병이 일어나 잃어버린 국권을 되찾으려고 노력했다. 그러나 그것도 점점 한계에 이르렀다. 일제의 무자비한 무단통치는 그 어떤 사소한 행위도 민족이나 독립과 관련한 일은 용납하지 않았다. 이에 국내에서 할 수 있는 일이 없다는 것을 깨달은 선각자들은 중국으로 러시아로 근거지를 옮겨 독립운동을 전개하기에 이른다.

이런 가운데 1919년 3월 1일 독립선언과 관련하여 '신민회新民會'의 활동을 눈여겨볼 필요가 있다.

신민회는 국권 회복에 목적을 두고 1907년 4월에 창립된 독립운동 단체이다. 안창호安昌浩를 비롯해 양기탁梁起鐸, 전덕기全德基, 이동휘李東輝, 이동녕李東寧, 이갑李甲, 유동열柳東說 등 7명이 창건위원이었다. 그리고 노백린盧伯麟, 이승훈李昇薰, 안태국安泰國, 최광옥崔光玉, 이시영李始榮, 이회영李會榮, 이상재李商在, 윤치호尹致昊, 이강李剛, 조성환曺成煥, 김구金九, 신채호申采浩, 박은식朴殷植, 임치정林蚩正, 이종호李鍾浩, 주진수朱鎭洙 등 내로라하는 독립운동가들이 참여했다. 신민회의 설립 취지문을 보자.

> 민습民習의 완고부패에 신사상이 시급하며, 민습의 우미愚迷에 신교육이 시급하며, 열심의 냉각에 신제창이 시급하며, 원기의 모패耗敗에 신수양이 시급하며, 도덕의 타락에 신윤리가 시급하며, 문화의 쇠퇴에 신학술이 시급하며, 실업의 조췌凋悴에 신규범이 시급하며, 정치의 부패에 신개혁이 시급이라. 천만 가지 일에 신新을 기다리지 않는 바 없도다. (중략) 무릇 우리 대한인은 내외를 막론하고 통일연합으로써 그 진로를 정하고 독립 자유로써 그 목적을 세움이니 이것이 신민회의 원하는 바이며 신민회의 품어 생각하는 까닭이니, 간단히 말하면 오직 신정신을 불러 깨우쳐서 신단체를 조직한 후에 신국新國을 건설할 뿐이다. (중략) 과거 사천 년, 구한국의 말년에 망국혼을 지으려는가. 장래 억만년 신한국의 초년의 흥국민興國民을 지으려는가. 오라! 우리 대한신민이여!('대한신민회 취지서' 중에서)

이렇듯 신민회는 투쟁적, 적극적인 구국운동을 모색하는 한편 네 가지 강령을 적극 실천하기로 한다.

1. 국민에게 민족의식과 독립사상 고취
2. 동지를 발견하고 단합하여 국민운동 역량 축적
3. 상공업 기관 건설로 국민의 부력 증진
4. 교육기관 설립으로 청소년 교육 진흥

신민회는 특히 교육사업에 나서 1907년 이승훈이 정주에 오산학교를, 안창호가 평양에 대성학교를 세웠다. 평양자기회사를 비롯해 방직공장, 연초공장 등을 세우는 한편 평양과 대구, 서울에 태극서관을 설치해 출판사업을 전개했고, 조선광문회를 조직해 고전 연구와 간행사업을 진행하기도 했다. 또 신민회 기관지로 〈대한매일신보〉를 창간하기도 했다.

신민회 회원들은 애국계몽운동을 해온 인사들이라 서로 잘 알고 있는 사이였다. 이들은 회원 가입에 적극 나서 1910년경에는 회원 수가 약 800명에 달했다. 당시 영향력 있는 애국계몽운동가들을 거의 모두 망라했다고 해도 틀린 말이 아니다. 이렇다 보니 신민회는 항상 일본의 탄압 대상이 되었음은 불문가지다.

신민회의 다양한 활약과 운동에 대해서는 이쯤하고, 독립운동의 흐름을 바꾸어놓은 '105인 사건'에 대해 살펴보자.

1910년 12월, 안중근 의사의 사촌동생 안명근이 데라우치寺內正毅 총독을 살해할 계획을 세웠다는 죄목으로 검거된다. 안명근은 서간도에 무관학교를 설립할 요량으로 군자금을 모집하고 있었는데, 돈 많은 부호가 돈을 선뜻 내놓지 않자 권총으로 위협한 바 있었다. 어찌 보면 사소한 해프닝이었다. 그런 일이 있고 나서 안명근은 양심의 가책을 받아 뮈텔 신부에게 고해성사를 했다. 훗날 밀고자로 밝혀진 뮈텔 주교의 당시 일기를 보자.

> ……빌렘 신부가 총독부에 대한 조선인들의 음모가 있었는데, 거기에 안명근安明根 야고보가 적극적으로 관여했을 것이라는 사실을 편지로 알렸다. 빌렘 신부의 요청에 따라 나는 그 사실을 아카시明石元二郎 장군에게 알리고자 눈이 많이 내리는데도 그를 찾아갔다.(《뮈텔 주교 일기》 1월 11일)

이 글에서 알 수 있듯이, 뮈텔 신부는 안명근의 고해성사 내용을 일본 헌병대장 아카시에게 밀고한다. 고해성사의 내용은 그것을 들은 신부와 당사자만 알 뿐 그 누구도 알 수 없는 것이다. 그럼에도 훗날 역사에서 '105인 사건'으로 명명된 이 사건의 서막은 뮈텔 신부가 고해성사를 몰래 누설하면서 시작되었다.

뮈텔 신부의 밀고로 이 같은 사실을 인지한 일본경찰은 즉각 안명근을 비롯한 관련 인물들을 체포한다. 당시 일제는 이 일로 160여 명을 검거했다. 주동자 안명근이 서울 경무총감부로 압송돼 심한 고문과 문초를 받았음은 가히 짐작할 수 있다. 이 일을 계기로 일본경찰은 사건을 날조 확대한다.

어떻게 보면 '105인 사건'은 폭발력은 있었지만 단순 협박사건 그 이상도 그 이하도 아니었다. 그런데 일제는 이 사건을 항일 독립운동가들을 일망타진할 절호의 기회로 삼고, 1910년 12월 압록강 철교 준공식에 참석했다가 서울로 돌아오는 조선총독 데라우치를 암살하려는 계획이 있었던 것으로 날조한다.

바로 전해인 1909년 10월 26일에 중국 하얼빈 역에서 안중근 의사가 이토 히로부미를 사살한 사건이 있었다. 그래서 일본은 기회만 있으면 요시찰 인물들을 잡아갈 빌미를 찾고 있었고, 마침 안명근이 권총으로 사람을 위협한 일은 사건의 꼬투리를 잡아 확대하기에 딱 안성맞춤이었다. 일제는 이 좋은 기회를 놓치지 않고 십분 활용하여 데라우치 총독 살해 계획이라는 초대형 사건으로 각색했다.

이렇게 독립운동지사들을 검거하기 시작한 일제는 이 사건의 배후 조종자로 신민회를 지목한다. 그리고 신민회 지도자들을 대거 검거하기 시작해 유동열·윤치호·양기탁·이승훈·이동휘·김구 등 황해도 안악군(안명근의 고향)을 중심으로 한 황해도 일대 지식인과 재산가 등 600여 명이 붙잡혔다.

체포된 인사들 가운데는 고문으로 옥사하거나 경성부로 압송되는 과정에서 열차에서 뛰어내려 투신자살을 한 사람도 있고, 이승만과

105인 사건으로 연행되는 독립운동가들

김규식 등은 미국으로 망명한다. 결국 지도부를 비롯한 주요 인사들이 검거되면서 신민회는 실질적 활동을 할 수 없는 상황이 되었다. 이렇게 하여 일제는 눈엣가시처럼 보이던 신민회를 강제로 해산하기에 이른다.

이렇듯 우리 민족은 나라가 식민지로 전락했을 때 그냥 무기력하게 손 놓고 있지 않았다. 끊임없이 나라를 되찾기 위한 목숨 건 투쟁을 전개했다. 그 대표적인 예가 의병이다. 2018년 안방을 뜨겁게 달구었던 드라마 〈미스터 선샤인〉은 의병의 활약상을 일반 대중에게 깊이 각인시킨 바 있다.

우리 민족은 임진왜란이나 병자호란 등 외적의 침략이 있을 때 이에 맞서기 위해 자발적으로 의병활동을 전개한 전통을 갖고 있다. 나라가 일제에 강점되었을 때도 당연히 전국 각지에서 의병이 일어났다. 가장 대표적인 조직이 '13도 창의군'이라 할 수 있다.

13도 창의군은 각 도의 의병부대들을 단일대오로 통솔하기 위해 강원도 원주 등지에서 활동하던 이은찬李殷瓚과 이구채李求采 등이 1907년에 조직한 전국 의병 연합부대다. 이들은 서울까지 진격해 통감부를 격파하고자 했으나 일본군에게 진압되거나 해산되었다.

이런 상황 속에서 선각자들은 나라를 되찾아야 하는 절체절명의 목표를 달성하기 위해 다양한 방법을 강구하기에 이른다. 붙잡히면 모진 고문을 견뎌야 하는 목숨마저 위태로운 지경을 당할 수 있었지만 자신의 안위보다는 구국의 일념이 먼저였다. 이렇게 우리 민족은 조국의 독립을 위해 조금씩 조금씩 그 에너지를 모으기 시작했다.

# 대한신민회 취지서

러일전쟁의 포성이 아직 그치지 않고, 마관馬關 조약(시모노세키 조약-필자)의 먹물이 아직 마르기 전에 외교권이 하루아침에 동쪽으로 넘어가고 정부의 차석次席에는 외국인이 나란히 앉아서 군사·경찰·법·재정을 각각 인계하였으며 광산과 삼림과 토지를 마디마디 할양하여 빼앗기고 있다.

슬프다, 동포여! 아는가 모르는가. 꿈을 깨였는가. 수평의 초가집도 나의 집이 아니며, 수무의 산소도 나의 땅이 아니며, 문전의 뽕나무와 석류도 나의 초목이 아니며, 동구 밖의 시냇물도 나의 물이 아니다.

오호라! 이 나라는 내 나라인데 내가 죽고자 하면 이 나라를 어디다 버려두며, 내가 숨고자 할진대 누구에게 맡길 것인가. 어찌 일시적 비분으로써 분연히 자결을 기도하며, 또한 염세적 비판으로써 호연 은거함으로 돌아갈 바이랴.

신민회는 무엇을 위해 일어남이뇨? 민습民習의 완고부패에 신사상이 시급하며, 민습의 우미愚迷에 신교육이 시급하며, 열심의 냉각에 신제창이 시급하며, 원기의 모패耗敗에 신수양이 시급하며, 도덕의 타락에 신윤리가 시급하며, 문화의 쇠퇴에 신학술이 시급하며, 실업의 조췌凋悴에 신규범이 시급하며, 정치의 부패에 신개혁이 시급이라. 천만 가지 일에 신新을 기다리지 않는 바 없도다.

무릇 우리 대한인은 내외를 막론하고 통일연합으로써 그 진로를 정하고 독립 자유로써 그 목적을 세움이니 이것이 신민회의 원하는 바이며 신민회의 품어 생각하는 까닭이니, 간단히 말하면 오직 신정신을 불러 깨우쳐서 신단체를 조직한 후에 신국新國을 건설할 뿐이다.

우리가 백성을 새롭게 하지 않으면 누가 우리 대한을 사랑하며, 우리가 백성을 새롭게 하지 않으면 누가 우리 대한을 보호하겠는가.

과거 사천 년, 구한국의 말년에 망국혼을 지으려는가. 장래 억만년 신한국의 초년의 흥국민興國民을 지으려는가. 오라! 우리 대한신민이여!

안창호安昌浩, 양기탁梁起鐸, 전덕기全德基, 이동휘李東輝, 이동녕李東寧, 이갑李甲, 유동열柳東說 등

# 제1차 세계대전과 일본

1914년 제1차 세계대전이 발발한다. 제1차 세계대전은 1914년 6월 28일 오스트리아-헝가리제국의 페르디난트 황태자 부부가 사라예보(현재 보스니아 헤르체고비나의 수도)에서 암살당한 '사라예보 사건'이 도화선이 되었다. 지배국인 오스트리아-헝가리제국 황태자의 방문에 화가 난 식민지 세르비아왕국의 대학생 가브릴로 프린치프Gavrilo Princip가 황태자 부부를 향해 총을 쏘았고, 황태자 부부는 그 자리에서 사망했다.

오스트리아-헝가리제국은 7월 23일 세르비아왕국에 최후통첩을 보냈고, 7월 28일 세르비아왕국 침공을 개시함으로써 제1차 세계대전이 시작된다.

8월 1일, 독일은 오스트리아-헝가리제국 편에 서서 세르비아 편에 있던 러시아에 선전포고를 한다. 8월 3일, 프랑스가 독일을 공격하면서 러시아를 지지한다. 8월 4일, 어떻게든 전쟁 확산을 막아보려고 애쓰던 영국도 할 수 없이 전쟁에 뛰어든다.

한편 제1차 세계대전의 특수를 맞아 경제적 호황을 누리며 중립적 입장을 유지하던 미국도 참전하지 않을 수 없는 상황을 맞는다. 이른바 '치머만 전보' 사건 때문이었다.

독일 외무장관 아르투르 치머만Arthur Zimmermann이 멕시코 주재 독일 대사 펠릭스 폰 에카르트Felix von Eckhardt에게 한 통의 암호 전보를 보냈다. 이 전보에는 "멕시코가 미국을 공격할 경우, 멕시코가 1848년에 미국에 빼앗긴 모든 영토를 되찾을 수 있도록 해주겠다"는 내용이 들어 있었다. 미국으로서는 독일이 몹시 괘씸했다. 그러던 차에 유보트에 타고 있던 미국인 상당수가 독일의 공격을 받고 사망하는 사건이 일어난다. 미국은 더 이상 이 전쟁을 방관만 할 수 없었다. 그리하여 독일과 오스트리아에 선전포고하고 본격적으로 전쟁에 뛰어든다.

여기서 제1차 세계대전의 과정을 자세히 언급할 생각은 없다. 다만 우리에게 직접적인 영향을 미친 일본이 제1차 세계대전 상황에서 어떤 행동을 취했는지에 대해서는 분명하게 알아볼 필요가 있다.

러일전쟁에서 승리한 일본은 제국주의 건설에 박차를 가해, 우리나라를 비롯한 중국 등 이웃나라를 식민지화하려는 야욕을 점점 노골화하고 결국 대한제국을 손아귀에 넣은 바 있다.

이런 일본의 경제와 군사력을 알고 있던 영국은 제1차 세계대전이 발발하자 일본에게 참전할 것을 요구한다. 영국은 중국 산둥반도에 있던 독일 해군에 대한 견제가 필요했는데, 일본이 적합할 것으로 판단했던 것이다. 세계 무대에 진출할 기회를 엿보던 일본은 영국의 요청을 받자마자 흔쾌히 동의한다. 영국과 맺었던 영일동맹에 근거해 참전의 명분도 있었다.

그리하여 일본은 1914년 8월 4일 독일에 선전포고를 하고 제1차 세계대전에 본격적으로 뛰어든다. 다만 영국은 일본의 참전 지역을 제한하려고 했다. 하지만 일본은 무슨 소리냐며 막무가내로 무제한 참전을 주장했다. 그러자 영국은 육군 3개 군단을 유럽에 파견해달라고 요청하기에 이르렀는데, 이에 대해 일본은 국익 운운하며 소극적 자세로 일관하기도 했다.

이때 일본의 속마음이 무엇인지를 알게 해주는 유명한 의견서가 있다. 메이지유신의 공신이자 정치가인 이노우에 가오루井上馨와 야마가타 아리토모山縣有朋가 당시 수상 오쿠마 시게노부大隈重信에게 보낸 의견서 일부이다.

> 이번 유럽의 대전란은 다이쇼大正 신시대의 하늘의 도움이다. 일본은 당장 이 하늘의 도움을 이용하기 위해 거국일치의 풍조를 마련하지 않으면 안 된다. 정쟁은 그만두고 감세·폐세 등 당리당략을 거두어야 하며, 국가 재정의 바탕을 공고히 하고 영국·프랑스·러시아와 손

을 잡아 동양에서의 일본의 이권을 확보하면서 중국의 통일자統一者를 손아귀에 휘어잡아야 한다.(다음백과 '중국 현대사 강의'에서)

일본의 속마음은 이렇듯 동아시아에서 일본의 지위를 더 높이고 국제적인 발언권을 강화하는 것이 목적이었다.

아무튼 이렇게 제1차 세계대전의 연합국(영국, 프랑스, 미국, 러시아 등) 측으로 참전한 일본은 해군을 보내 독일이 어찌할 수 없었던 태평양의 남양군도를 점령하는 한편, 육군으로 하여금 혈안이 되었던 대륙 진출의 발판인 산둥성山東省 칭다오青島를 점령한다.

그런 다음 일본은 독일과의 교전지 밖으로 점령지를 확대해나갔다. 당연히 중국의 항의가 있었지만 일본은 무시한다. 그러고는 1915년 1월 18일, 가토 다카아키加藤高明 외무대신이 중화민국 대총통 위안스카이袁世凱에게 독일의 이권을 넘겨달라는 그 유명한 21개조 요구 사항을 비밀리에 들이댔다. 그 1조는 다음과 같다.

중국정부는 독일군이 산둥성에 관한 조약 또는 기타에 의하여 중국에 대하여 소유하는 일체의 권리·이익·양여 등의 처분에 대하여 일본국 정부가 독일국 정부와 협의할 일체의 사항을 승인할 것을 약정한다.

전체적인 내용의 골자는 산둥성과 남만주, 동부 내몽골 등에서의 일본 이익을 우선한다는 것이었다.

당초 중국정부는 일본의 요구를 거절했으나 일본의 최후통첩이 있자 위안스카이로서도 어찌할 수 없어 결국 요구 조건을 거의 그대로 들어주는 문서에 서명을 하고 만다. 이 요구 조건은 불평등의 극치를 보여주는 것이어서 중국으로서는 수치로 여겼다. 그래서 중국은 5월 9일을 국치기념일國恥記念日로 정하고 항일운동에 나섰는데, 훗날 1919년 우리의 3·1 독립운동의 영향으로 일어난 5·4운동의 정신적 배경으로 작용했다.

이렇듯 일본은 연합국 측의 승전을 위해서라기보다는 철저하게 자신들의 이익에 복무하는 쪽으로 제1차 세계대전을 이용했다.

한편 제1차 세계대전의 전황은 1917년 미국의 참전으로 급반전되기 시작했다. 연합국의 반격으로 동맹국(독일, 오스트리아 등)은 점점 힘을 잃었다. 불가리아, 오스만제국, 오스트리아 순으로 손을 들었다. 전쟁을 일으킨 독일 황제 빌헬름 2세는 네덜란드로 망명했고, 독일은 1918년 11월 11일 연합국과의 휴전조약에 조인했다. 이렇게 제1차 세계대전은 그 긴 여정의 막을 내린다.

## 러시아 혁명

연합국의 일원으로 제1차 세계대전에 참전하던 러시아는 1917년 역사적 전환점을 맞이한다. 이른바 '러시아 혁명'이다.

러일전쟁이 끝난 뒤 러시아에서는 패배로 인한 굴욕감이 팽배하면서 다양한 불만을 분출하는 시위가 일어났다. 그러던 중 1905년 1월, 겨울궁전 앞 광장에서 평화로운 시위를 하던 군중을 제국 군대가 무차별 살상한 '피의 일요일' 사건이 발생했다.

이 사건을 계기로 노동자와 농민 등이 들고일어났고, 시위가 점차 확산되면서 민족주의적 성향을 띠기 시작했다. 일부 과격한 군중은 폭동을 일으키기도 했고, 대규모 파업도 일어났다.

이에 니콜라이 황제는 헌법 제정과 의회(두마) 창설을 골자로 하는

'10월 선언'을 하기에 이른다. 그 뒤 시위 참가자들은 점차 일상으로 복귀하였는데, 결국 시위대의 힘이 약해지는 결과로 이어졌고 지도층은 검거된다. 1905년의 봉기는 이렇게 실패했다.

이후 1905년 혁명의 성과였던 의회마저 걸핏하면 해산되는 등 구체제의 역습이 계속되자 민중들의 불만이 쌓여갔다. 이런 가운데 1914년에 발발한 제1차 세계대전에 연합국으로 참전한 러시아는 고전에 고전을 면치 못했다. 장비의 열세와 무능한 지휘 체계로 인한 연전연패는 국민들의 자존심에 심한 상처를 주었다. 또한 참전의 여파로 국민경제는 도탄에 빠진다.

이런 상황 속에서 배고픔을 견디다 못한 시민들이 들고일어나, 1917년 3월 8일 수도 페트로그라드(상트페테르부르크)에서 수십만 명의 노동자가 대규모 시위를 벌였다. 그들이 외친 구호는 "빵을 달라" "차르(황제)를 타도하자"였다. 시민들이 겪는 궁핍함과 차르의 무능함을 동시에 드러내는 절규였다.

차르가 시위대를 해산하기 위해 군대를 동원한 것은 당연한 수순이었다. 그런데 차르 군대의 총부리는 시위대가 아닌 차르(지휘관)를 겨누었다. 병사들마저 차르에게서 등을 돌린 것이다. 병사들의 도움으로 무장한 시위대는 차르가 있는 겨울궁전으로 몰려갔다. 결국 1917년 3월 15일, 니콜라이 2세가 퇴위 선언을 함으로써 차르의 로마노프 왕조가 무너졌다. 이것이 '2월 혁명'이다. 양력으로 3월에 일어났지만 러시아 구력으로 2월에 일어나서 2월 혁명이라고 한다.

차르가 물러나자 러시아 혁명의 영웅이랄 수 있는 블라디미르 일리치 레닌이 망명지 스위스에서 귀국한다. 그리고 다시 레닌의 지도 아래 '11월 혁명'의 불길이 타올라 새로운 소비에트 정권이 창출되었다. 혁명의 성공으로 '노동자·농민의 정부'를 내세운 사회주의 국가가 탄생한 것이다.

러시아 혁명은 우리의 독립운동가들에게도 큰 영향을 미쳤다. 특히 민중들이 힘을 합치고 떨쳐 일어나 결국 철옹성 같은 차르 체제를 무너뜨렸다는 사실은 우리 민족에게 일본 제국주의를 타도할 수 있다는 희망을 주었다.

# 윌슨의 민족자결주의

평화원칙
14개항을 발표한
윌슨 미국 대통령

1918년 10월 제1차 세계대전의 전황이 연합국의 승리로 기울자 독일은 연합국 측에 휴전을 제안하고 동시에 '평화원칙'을 받아들이겠다고 했다. 평화원칙이란 우드로 윌슨Thomas Woodrow Wilson 미국 대통령이 1월 8일 의회 연두교서에서 제시한 세계평화를 위한 '유일하게 가능한' 14개항을 의미한다.

사실 이 조항들은 우리나라와는 실질적으로 크게 관련이 없었지만 이듬해 3월 1일의 독립선언에 지대한 영향을 미쳤다. 윌슨의 평화원칙 14개항은 크게 '민족자결주의, 비밀외교 타파와 공해 자유의 강조,

법에 의한 통치' 세 가지로 요약할 수 있는데, 이 가운데 민족자결주의에 관한 조항-약소민족(또는 점령지역)의 독립 및 복귀와 관련된 내용-은 8개에 달할 정도로 상당한 분량을 차지하기 때문이었다(96쪽 '윌슨의 평화원칙 14개항' 참조).

> "피지배민족(식민지나 점령지역)에게 자유롭고 공평하고 동등하게 자신들의 정치적 미래를 결정할 수 있는 자결권自決權을 인정해야 한다."

민족자결의 원칙Principle of National Self-determination이 특히 우리에게 '희망'으로 다가왔던 것은 연합국에 가담했던 승전국 일본에게도 이 조항이 적용될지 모른다는 기대, 또는 적용되도록 해야 한다는 당위의 차원에서 매우 중요한 이념으로 작동했기 때문이다.

아무튼 제1차 세계대전이 끝나고 나서 미국·영국·프랑스를 주축으로 하는 연합국과 독일을 중심으로 한 동맹국 등 30여개국 대표들은 프랑스 베르사유 궁전에 모여 전후 처리 문제를 논의한다. 이 협상에서는 영국의 로이드 조지David Lloyd George 수상을 비롯해 프랑스의 클레망소Georges Clemenceau 총리, 미국의 윌슨 대통령이 주도적 역할을 했다.

한편 연합국 측에 가담했던 일본은 베르사유 협상에 처음부터 참가했던 것은 아니다. 이탈리아의 참전과 관련한 런던 조약(1915년 4월)

과 생 장 드 모리엔 조약(1917년 4월)이 민족자결의 원칙에 위배된다며 이탈리아 대표가 미국 대표와 대립하던 끝에 회담장을 박차고 나가는 일이 벌어지자 연합국 측에서 이탈리아 대신 일본을 참가시킨 것이다. 회담장에 들어간 일본은 중국과 전쟁 중에 맺은 조약과 산둥의 독일 이권을 계속 이행해야 한다고 주장했다. 이에 윌슨이 난색을 표했지만 일본은 퇴장 운운하며 협박하여 결국 자신의 잇속을 챙겼다.

어쨌든 연합국 측에 가담해 승전국이 된 일본의 식민지 역시 같은 조건으로 해결되어야 함에도 강대국들은 자신들의 이권에만 혈안이 되어 이 문제에는 관심을 두지 않았고, 일본은 아무런 제지 없이 우리나라를 계속 강제 지배할 수 있었다.

한편 파리 강화회의에서 독일과 연합국 사이에 맺은 평화협정인 베르사유 조약은 우리의 독립선언일인 1919년 3월 1일을 훌쩍 넘겨 그해 6월 28일 서명됐고, 1920년 1월 10일부터 발효됐다. 그리고 상당한 기대를 걸고 대표단까지 파견했던 우리의 기대와는 달리 440조에 달하는 베르사유 조약에서 대한제국에 관한 것은 단 한 자의 언급도 없었다.

윌슨이 주창한 민족자결주의는 결국 독일의 일부 식민지에만 적용됐고, 일본의 식민지인 우리와 프랑스의 식민지인 안남(월남)에 대해서는 '국내' 문제라는 이유를 들어 무시했다. 그래서 훗날 역사학자들은 이런 상황을 빗대어 '베르사유의 배반'이라고 부르기도 했다.

# 윌슨의 평화원칙 14개항

1. 강화 조약은 공개적으로 진행되고 또 공표되어야 한다. 그 체결 이후에는 어떠한 종류의 비밀 회담도 있어서는 안 된다. 외교는 항상 솔직하고 공개적인 방식으로 진행되어야 한다.
2. 평화시와 전시를 막론하고 영해 밖에서 항해의 자유는 절대 보장되어야 한다. 다만 국제협약을 이행하기 위해 취해진 국제적 조치에 의해 해양이 전체 혹은 부분적으로 봉쇄되는 경우는 예외로 한다.
3. 평화를 희망하고 평화를 유지하기 위해 상호 협력하는 모든 국가들 사이에는 가능한 모든 경제적 장벽을 없애고 동등한 무역 조건을 확인해야 한다.
4. 각국의 군비는 상호 보장 아래 자국의 안보에 필요한 최소 수준으로 감축해야 한다.
5. 식민지에서 주권과 같은 문제를 결정함에 있어, 당사자인 주민들의 이해는 법적 권리의 결정을 기다리는 정부의 정당한 청구와 동등한 중요성을 가져야 한다. 이 원칙을 엄격히 준수하는 기반 위에서 모든 식민지 문제는 자유롭고 열린 자세로, 절대적으로 공평하게 조정해야 한다.

6. 외국군은 러시아의 모든 영토에서 철수해야 하며, 러시아는 자국과 관련된 모든 정치적 발전과 국가정책을 자주적으로 결정해야 한다. 또한 러시아는 러시아의 모든 영토에서 외국군의 철수와 러시아와 관련된 모든 사안의 해결을 위해 세계 다른 나라들로부터 최선의 그리고 자유로운 협조를 보장받게 될 것이며, 이것은 정치 발전과 국가정책에 관한 러시아 스스로의 독립적인 결정을 제약하거나 방해하지 않을 것이다. 그리고 러시아가 어떠한 사회체제를 선택하든 관계없이 자유국가 세계의 일원으로서 진심으로 환영받을 것이며, 러시아가 필요로 하거나 희망하는 모든 종류의 원조를 제공받을 것이다. 우방국에 의해 수개월 안에 이루어질 러시아에 대한 원조는 자국의 이해와 상관없이 우방국 러시아에 대한 선의, 이해 및 사려 깊은 호의를 반영하는 시금석이 될 것이다.
7. 벨기에는 세계의 모든 국가와 마찬가지로 주권을 회복하게 될 것이며, 벨기에에 주둔해 있는 외국군은 철수하게 될 것이다. 세계 각국은 이러한 사실에 동의할 것이며, 벨기에의 주권을 제한하려는 어떤 시도도 일어나지 않을 것이다. 이러한 조치는 다른 어떤 행위보다도 각국이 자발적으로 국가 간 상호 관계를 정립하기 위하여 설정한 법에 대한 신뢰를 회복시키는 계기가 될 것이다. 이러한 치유책이 없이는 국제법의 모든 구조와 효력은 영원히 손상될 것이다.

8. 프랑스의 모든 영토는 해방되어야 하고, 침략당한 지역은 회복되어야 한다. 또한 1871년 알자스-로렌 문제에 관해 프로이센이 프랑스에 가한 부당 행위는 거의 50년 동안 세계 평화를 교란했던 것인 만큼 다시 한 번 모든 나라의 이익을 위해 평화가 확보될 수 있도록 시정되어야 한다.

9. 이탈리아 국경을 재조정하는 문제는 확실히 인정될 수 있는 민족적 경계에 따라 정해져야 한다.

10. 오스트리아-헝가리제국 내의 민족들에 대해 우리는 그들의 국제적 지위가 보호되고 보장되기를 바라며, 따라서 그들에게는 자주적으로 발전할 수 있는 기회가 아무런 제약 없이 인정되어야 한다

11. 루마니아, 세르비아와 몬테네그로에 주둔한 외국군은 철수해야 하며, 점령지역은 원상 복구되어야 한다. 세르비아에게는 자유롭고 안전하게 해상에 접근하는 것이 인정되어야 한다. 발칸에 위치한 여러 국가 간의 상호 관계는 역사적으로 형성된 민족 정체성과 충성심에 바탕을 두고 우호적인 협의를 통해 결정되어야 한다. 발칸 국가들의 정치적, 경제적 독립과 영토 보전은 국제적으로 보장되어야 한다.

12. 현재의 오스만 제국 중에서 투르크인이 차지하는 영토의 주권은 확실히 보장되어야 한다. 투르크의 지배를 받는 다른 민족들에게도 생활의 확실한 안전과 절대로 방해받지 않는 자율적인 발전이

보장되어야 한다. 그리고 다르다넬스 해협은 국제적 보장 아래 모든 국가의 선박 및 교역의 자유로운 통로로 영원히 개방되어야 한다.

13. 독립된 폴란드인의 국가가 수립되어야 한다. 독립국가 폴란드는 분명하게 폴란드 주민이 거주하는 영토를 소유하며, 해상으로 자유롭고 안전하게 나갈 수 있는 통로를 보장받게 될 것이다. 또한 국제 협약에 의해 폴란드의 정치적 경제적 독립과 영토 보전을 보장해야 한다.

14. 강대국과 약소국을 막론하고 정치적 독립과 영토 보전을 상호 보장할 목적으로 특별한 규약 아래에 전체 국가의 연맹체가 결성되어야 한다.

출처: 우리역사넷 http://contents.history.go.kr

# 신한청년당

1918년 여운형, 장덕수, 한진교, 김철, 선우혁, 조동호 6인은 창당 발기인이 되어 신한청년당新韓青年黨을 결성했다. 나중에 서병호, 김구, 이광수, 신규식 등도 가담했다.

신한청년당 설립을 주도한 여운형은 1914년 중국에 망명하여 기독교 서적을 출판하고 판매하는 '협화서국'에서 근무하고 있었다. 1918년 어느 날, 그는 일본 유학을 마치고 상하이에 들른 장덕수를 만나 독립운동에 관한 의견을 나누며 독립운동에서 청년들의 역할이 무엇보다 중요하다는 데 인식을 같이하게 된다. 이렇게 의기투합한 두 사람은 상하이에 머물고 있던 김철과 선우혁, 한진교, 조동호 등과 논의하여 신한청년당을 창당하기에 이른다.

이들은 처음에는 당의 이름을 따로 만들지 않고 매주 모여서 독립운동에 관한 토론을 하는 등 다양한 의견을 나누는 방식으로 운영했다. 그러다 1918년 11월 여운형이 '터키청년당'에서 힌트를 얻어 급히 '신한청년당'이라고 이름 지었다. 파리 강화회의에 대표를 보내려면 단체의 이름이 필요했기 때문이다.

신한청년당의 설립 취지는 "독립을 완성하고 독립을 회복한 다음에는 문화적 도덕적으로 민족을 개혁하여 신대한 민족을 만들며 학술과 산업을 일으켜 실력을 양성해서 대한민족의 신문화가 전 인류에게 위대한 행복을 주도록 한다"였다.

'대한독립·사회개량·세계대동' 3가지를 당의 강령으로 삼은 신한청년당의 이념은 "대한민족의 독립을 쟁취해서 공화정체의 민주주의 국가를 수립하고, 사회의 모든 부분을 시대의 조류에 맞게 적절히 대개혁을 단행하며, 대한민족이 만든 신문화가 전 인류에게 공헌하도록 국제협력을 하는 조국을 건설한다"는 것이었다.

이와 같은 강령이나 이념으로 미루어 보아도 그렇고, 이어지는 독립운동은 물론이거니와 1919년 3월 1일의 독립선언에서 신한청년당은 결정적인 역할을 한다.

신한청년당을 창당할 무렵 회원들은 미국의 윌슨 대통령이 제창한 '민족자결주의'에 대해 들은 바 있었고, 이 원칙이 우리에게도 적용되면 더없이 좋겠다고 생각했다.

그 무렵 마침 윌슨 대통령의 특사인 크레인Charles R. Crane이 파리 강화회의에 대한 미국의 입장을 전달하기 위해 상하이를 방문했다. 이는 "실제적으로 많은 이권을 빼앗긴 중국을 등장시킴으로써 일본 세력을 견제하고자 하는 데 목적"(이윤상, 《3·1 독립운동의 배경과 독립선언》)이 있었다.

특사가 오자 중국은 칼튼 카페에서 특사 일행 환영회를 열었는데, 여기에 신한청년당의 여운형 대표가 범태평양회의 회원 자격으로 참석한다. 여운형은 이 자리에서 크레인으로부터 파리 강화회의에서 민족자결주의가 식민지 처리 원칙이 될 수 있다는 말을 듣는다. 여운형이 숙소까지 찾아가 한국 대표도 파견할 수 있는지를 물으면서 관심을 보이자, 크레인은 미국정부의 의사는 알 수 없지만 개인적으로 지원하겠다고 말한다.

이 말에 고무된 여운형은 곧바로 신한청년당 회의를 소집해 이 문제를 논의한다. 논의 결과, 톈진에 있던 영어에 능숙한 김규식을 파리 강화회의에 파견하기로 결정한다. 이에 두 통의 독립청원서를 작성하여 하나는 윌슨 대통령에게, 또 하나는 파리 강화회의에 제출하기로 함에 따라 영문으로 청원서를 작성했다.

이 청원서는 크레인을 통해 윌슨에게 전달하려고 했다. 한 통은 김규식이 파리 강화회의에 직접 가지고 가서 전달할 요량이었다. 혹시 몰라 두 통을 더 작성해 중국대표단 고문으로 파리 강화회의에 가는 월간 〈밀라드 리뷰Millard Review〉의 사장 토머스 밀라드Thomas Millard에게도 부탁했다. 하지만 이런 노력에도 불구하고 그 어떤 청원서도 안타깝게도 전달되지 않은 것으로 알려졌다.

한편 김규식은 신한청년당으로부터 12개항의 임무를 부여받고 1919년 2월 1일 배편으로 상하이를 출발해 3월 13일 프랑스 파리에 도착한다. 12개항의 임무는 김규식이 어떤 일을 해야 하는지에 대한 매뉴얼 성격이었지만 당시 신한청년당이 해야 할 일에 대한 비장한 결심이 담겨 있다(104쪽, '김규식이 부여받은 12개항의 임무' 참조).

이때는 이미 한국에서 3월 1일 독립선언을 계기로 만세운동이 들불처럼 전국으로 번지던 때였다. 김규식은 파리 샤토됭가Rue de Chateaudun에 한국대표관을 설치하고 본격 활동에 돌입했다. 김규식은 파리 강화회의에 '한민족의 일본으로부터의 해방과 한국의 독립국가로의 복귀에 관한 청원서'와 '한민족의 주장'을 제출해 일제의 잔혹성을 폭로하고 우리나라 독립의 필연성을 호소했다.

그러나 파리 강화회의의 문턱은 높기만 했다. 전쟁 당사자가 아니라는 이유로 우리에게는 발언권은커녕 회의장에조차 들어가지 못하게 했다. 하지만 김규식은 좌절하지 않고 회의장 밖에서라도 우리의 독립을 역설할 수 있는 다양한 방법을 찾았다. 그 대표적인 일이 바로 외신기자 클럽에서의 호소였다. 8월 6일 김규식은 외신기자 클럽에 80여 명의 기자와 각국 유력인사를 초청하여 한국 독립의 타당성과 일제 침략의 흉계를 폭로했다. 이 일로 우리의 독립 문제가 세계 각국의 신문에 보도되기도 했다.

## 김규식이 부여받은 12개항의 임무

1918년 당시의 김규식

1. 강화회의(파리 강화회의, 1919)에 출석한 각국 대표들을 면접하고 한국에 대한 동정과 지지를 얻을 것.
2. 파리에 비공식적으로 가 있는 유력한 인사를 면접할 것.
3. 일본 무단통치하의 한국의 정치·경제·교육 및 종교의 여러 가지 사정을 알릴 것.
4. 한국에 대한 일본의 야욕을 폭로할 것.
5. 몽골·시베리아·산둥·양쯔강·푸젠성福建省 지역과 태국·필리핀·남해 및 인도에 대한 일본의 야욕을 폭로할 것.
6. 한국은 극동 문제를 해결하는 데 있어서 열쇠와 같은 중요한 위치에 있다는 것을 역사적·지리적 및 전략적 이유를 들어 설명할 것.
7. 미국·영국·프랑스 및 이탈리아의 유력하고 책임성 있는 신문기자들의 동정적인 협력을 얻어 한국 독립에 대한 세계적인 여론을 조성할 것.

파리 강화회의에 참석한 김규식(아래 오른쪽 끝)

8. 미국·영국·프랑스·이탈리아·중국의 유력지를 통해 전 세계에 한국 사정을 알리고 세계의 정치가들, 그리고 전 세계 사람들 간에 한국에 동정적인 여론을 조성할 것.

9. 파리·런던·샌프란시스코·상하이 등지에 홍보국을 설치하고, 또 모든 다른 방법을 통해 직접·간접으로 활약할 것. 세계의 정치가들과 외교 지도자들, 그리고 각국 국민들 간의 여론이 어떻게 돌고 있는지를 극동에 알릴 것.

10. 선전물·선전 작품·그림이 든 전단 등을 작성·반포할 것.

11. 왜 한국이 독립해야 하는가에 대한 이유를 설명하며, 한국 사람이 스스로 통치할 능력이 있다는 것을 과시할 것.

12. 평화회의(파리 강화회의, 1919)에서 대표로 인정받을 것을 정식으로 요구하고, 한국 해방에 대한 정식 청원서를 제출할 것. 이 청원서는 자세하고 포괄적일 것.

# 고종의 독살설

1919년 1월 21일, 고종황제가 덕수궁 함녕전에서 갑자기 승하했다. 고종은 시녀가 대접한 식혜를 마신 뒤 잠자리에 들었다가 목이 말라 깨어서는 차(커피였다는 설도 있음)를 마신 뒤 다시 잠자리에 들었다. 그런데 갑자기 복통을 호소하여 의원을 불렀다. 그리고 얼마 뒤 승하했다.

일제는 고종의 사망 원인이 뇌일혈이며, 3월 3일에 장례를 치른다고 발표했다. 고종은 평소 특별한 질환을 갖고 있지 않았던 터라 뒷말이 무성하게 나기 시작했다. 특히 고종의 시신 상태가 온전하지 않아 독살설에 무게가 실리면서 소문이 일파만파 퍼져나갔다.

훗날 윤치호가 쓴 일기에 보면 당시의 상황이 비교적 자세하게 설명되어 있다. 《6집 국역 윤치호 영문 일기 6》(한국사료총서 번역서 6)의 1919년 2월 11일 화요일 일기를 보자.

11일 화요일. 흐리고 폭설. 1인치(약 2.5센티미터) 정도 쌓임. 섭씨 5도.

오전 11시부터 YMCA에서 근무했다.

홍건洪揵이 민영휘閔泳徽 씨에게 들은 바를 근거로 이렇게 말했다. 광무태황제는 한약인 양위탕養胃湯을 한 잔 마시고 난 뒤 한 시간도 되지 않아 현기증과 위통을 호소했다고 한다. 그러고는 곧 광무태황제의 육신이 심하게 마비되어 민씨가 도착했을 때는 한마디도 할 수 없는 상태였다고 한다. 죽어가는 광무태황제가 민씨의 양손을 너무나 세게 움켜쥐어 환관인 나세환이 두 사람의 손을 떼어놓느라 힘들었다고 한다.

다음은 《7집 국역 윤치호 영문 일기 7》(한국사료총서 번역서 7) 1920년 10월 13일 일기다.

13일 수요일. 화창한 날씨.

오늘은 우리 숙모님의 70번째 생신날이다.

한진창韓鎭昌 씨는 광무태황제가 틀림없이 독살되었다고 믿고 있다. 그 증거는 다음과 같다.

1. 완벽하게 건강하던 광무태황제가 식혜를 마신 지 30분 안에 심한 경련을 일으키며 사망했다.
2. 하루 이틀 사이에 광무태황제의 팔다리가 엄청나게 부어올라서 바지를 벗기기 위해 통 넓은 한복 바지를 찢어야만 했다.
3. 민영달閔泳達 씨와 몇몇 사람들이 약용 솜으로 광무태황제의 입안을 닦아낼 때 황제의 이가 모두 빠져 있고, 혀가 사라졌다는 사실을 발견했다.
4. 목에서부터 복부까지 30센티미터 가량 검은 줄이 길게 나 있었다.
5. 비극적인 사건이 발생한 직후 궁녀 두 명이 의문사했다. 민영휘·나세환·강석호 등과 함께 염殮을 한 민영달 씨(민비의 종형제 - 필자)가 한진창 씨(윤치호 숙모와 남매간 - 필자)에게 이런 이야기를 자세히 들려주었다고 한다.

고종황제는 왕위 계승과는 거리가 멀었지만 아버지 흥선 대원군의 정치력에 의해 제26대 조선의 왕이 됐다. 그는 망국의 과정을 온몸으로 겪었던 대한제국의 첫 번째 황제이기도 하다. 1907년 '헤이그 밀사 사건'이 빌미가 되어 일제에 의해 강제 퇴위당한 비운의 황제이기도 하다. 순종이 즉위한 뒤에는 명목상의 지위인 태황제太皇帝가 되었

대한제국 고종황제

지만 아무런 실권이 없었다. 승하할 무렵엔 그저 '이태왕李太王'이라고 불릴 뿐이었다.

그런데 고종은 해외로 나가서 독립운동을 할 계획을 갖고 있었다고 한다. 특히 신한혁명당이 해외로 모시고 나가 함께 독립운동을 하려 했다는 얘기도 있다. 그래서 이때 고종의 해외망명설이 불거지기도 했다. 그렇다면 일제의 독살설은 설득력을 얻는다. 데라우치 총독의 독살 지시가 있었다는 음모설도 그럴듯한 시나리오다.

반면에 이것은 설에 불과하다는 반론도 제기됐다. 특히 근거로 제시된 일련의 일들이 설득력을 갖기에 부족하고, 고종에게 식혜를 주었던 시녀 두 명의 급사와 고종의 시신 부패 등의 이야기는 오로지 윤치호 일기에만 보이기 때문이다. 또 고종의 나이가 예순일곱이었음을 감안하면 뇌일혈로 급서하는 것이 전혀 불가능한 것도 아니다. 특히 서거 나흘 뒤인 1월 25일에는 영친왕과 이방자 여사의 혼인이 예정돼 있던 터라 일제가 굳이 문제를 일으키지 않았을 거라는 주장이다.

또 하나 짚어보아야 할 사항이 있다. 서거한 고종에 대해 예의를 갖추어야 하느냐 하는 문제이다. 당시 우리 사회의 주류 세력이었던 유림들 사이에서는 "우리는 대한제국 신하이다. 일본 이태왕의 신하는 한 적이 없다. 그러므로 절할 수 없다"는 이유로 고종에 대한 예의를 차릴 필요가 없다는 주장에 제기됐다.

그러나 독살되었다는 얘기를 접하고서는, 친일을 했다면 굳이 일제가 독살할 필요가 있었겠느냐며 고종에 대해 예의를 갖추었다는 후문이다.

고종의 독살설에 대해 자세하게 다룰 필요성은 느끼지 못한다. 다만 고종의 인산날(장례일)이 독립선언을 준비하던 시기와 겹치면서 여러 가지로 영향을 미쳤다는 점에서 이 사건은 주목할 필요가 있다.

일제가 우리 황제를 독살했다는 사실만으로도 우리 국민들의 울분을 자극하기에 충분하다. 더욱이 나라가 망해 식민지 상태에서 식민지 지배국이 피지배국의 황제를 살해했다면 이는 활활 타오르는 불길에 기름을 끼얹는 것처럼 폭발력이 강한 기제였다.

나중에 자세히 알아보겠지만, 이런 상황이 독립선언을 준비하던 인사들에게는 '위기가 곧 기회'로 보였을 수도 있다. 고종의 독살이라는 폭발력 강한 유증기가 시중에 팽배한 상황에서 독립선언의 불씨가 점화된다면 그 효과가 훨씬 크고 강력하리란 것은 너무도 자명하다. 그래서 독립선언을 준비하던 인사들은 이 점을 활용할 필요성을 강하게 느꼈으리라.

독립선언을 시발로 벌이려는 독립운동에는 가능하면 많은 사람들이 한마음으로 참여하는 것이 효과적이다. 그렇게 본다면 독립선언일은 고종의 인산을 보기 위해 경향 각지에서 서울로 몰려든 군중이 많을 때를 택하는 것이 최상의 선택이었다. 여러 가지 설왕설래가 있었지만 장례를 치른 다음보다는 치르기 직전 군중이 몰려들고 있을 때가 적기라는 것은 누구나 동의하리라. 독립선언을 준비하는 민족대표들도 이 점을 감안하여 독립선언일을 3월 1일로 정했던 것이다.

아무튼 고종의 독살설은 가뜩이나 흉흉하던 민심을 자극하기에 충분한 조건이었고, 명분으로도 독립운동에 나설 수 있는 필요 조건이 되었다.

■ 독립선언의 시대적 배경

• 윌슨의 민족자결주의
: 약소민족 독립 조항
• 러시아 혁명
– 민중 힘으로 차르 체제 종식
: 우리도 힘을 합치면 독립할 수 있다는 희망
• 파리 강화회의: 김규식 파견
• 고종의 승하: 독살설
• 국내외 독립운동

1919년 3월 1일을 전후하여 독립선언
서가 작성되고 낭독되기까지 여러 갈래의 흐
름과 움직임이 있었다. 국내에 있는 인사들은 물론이
거니와 해외로 망명한 인사들도 조국의 독립을 위해 그
어떤 일도 마다하지 않고 솔선수범했다.
그런 가운데 1919년 2월 중국 지린吉林에서 '대한
독립선언서大韓獨立宣言書'가 발표된다. 음력으로
무오년(1918)에 발표되었다고 하여 '무오독립
선언서'로도 불리는 대한독립선언서는 이어
지는 2·8 독립선언서, 기미독립선언서와
함께 '3대 독립선언서'로 평가되면서
독립운동사에 큰 영향을 미쳤다.

# 제3부

# 독립선언서의 막전막후

民族의 恒久如一한 自由發展을 爲하야 此를 主張함이며 人類的 良心의 發露에 基因한 世界改造의 大機運에 順應幷進하기 爲하야 此를 提起함이니 是ㅣ 天의 明命이며 時代의 大勢ㅣ며 全人類 共存同生權의 正當한 發動이라 天下何物이던지 此를 沮止抑制치 못할지니라

舊時代의 遺物인 侵略主義 强權主義의 犧牲을 作하야 有史以來 累千年에 처음으로 異民族 箝制의 痛苦를 嘗한지 今에 十年을 過한지라 我生存權의 剝喪됨이 무릇 幾何ㅣ며 心靈上 發展의 障礙됨이 무릇 幾何ㅣ며 民族的 尊榮의 毁損됨이 무릇 幾何ㅣ며 新銳와 獨創으로써 世界文化의 大潮流에 寄與補裨할 機緣을 遺失함이 무릇 幾何ㅣ뇨

噫라 舊來의 抑鬱을 宣暢하려 하면 時下의 苦痛을 擺脫하려 하면 將來의 脅威를 芟除하려 하면 民族的 良心과 國家的 廉義의 壓縮銷殘을 興奮伸張하려 하면 各個 人格의 正當한 發達을 遂하려 하면 可憐한 子弟에게 苦恥的 財産을 遺與치 안이하려 하면 子子孫孫의 永久完全한 慶福을 導迎하려 하면 最大急務가 民族的 獨立을 確實케 함이니 二千萬 各個가 人마다 方寸의 刃을 懷하고 人類通性과 時代良心이 正義의 軍과 人道의 干戈로써 護援하는 今日 吾人은 進하야 取하매 何强을 挫치 못하랴 退하야 作하매 何志를 展치 못하랴

丙子修好條規 以來 時時種種의 金石盟約을 食하얏다 하야 日本의 無信을 罪하려 안이하노라 學者는 講壇에서 政治家는 實際에서 我祖宗世業을 植民地視하고 我文化民族을 土昧人遇하야 한갓 征服者의 快를 貪할 뿐이오 我의 久遠한 社會基礎와 卓犖한 民族心理를 無視한다 하야 日本의 少義함을 責하려 안이하노라 自己를 策勵하기에 急한 吾人은 他의 怨尤를 暇치 못하노라 現在를 綢繆하기에 急한 吾人은 宿昔의 懲辨을 暇치 못하노라 今日 吾人의 所任은 다만 自己의 建設이 有할 뿐이오 決코 他의 破壞에 在치 안이하도다 嚴肅한 良心의 命令으로써 自家의 新運命을 開拓함이오 決코 舊怨과 一時的 感情으로써 他를 嫉逐排斥함이 안이로다 舊思想 舊勢力에 羈縻된 日本 爲政家의 功名的 犧牲이 된 不自然 又 不合理한 錯誤狀態를 改善匡正하야 自然 又 合理한 正經大原으로 歸還케 함이로다 當初에 民族的 要求로서 出치 안이한 兩國倂合의 結果가 畢竟 姑息的 威壓과 差別的 不平과 統計數字上 虛飾의 下에서 利害相反한 兩 民族間에 永遠히 和同할 수 업는 怨溝를

# 대한독립선언서

## 01_대동단결선언

1919년 3월 1일을 전후하여 독립선언서가 작성되고 낭독되기까지 여러 갈래의 흐름과 움직임이 있었다. 국내에 있는 인사들은 물론이거니와 해외로 망명한 인사들도 조국의 독립을 위해 그 어떤 일도 마다하지 않고 솔선수범했다.

그런 가운데 1919년 2월 중국 지린吉林에서 '대한독립선언서大韓獨立宣言書'가 발표된다. 음력으로 무오년(1918)에 발표되었다고 하여 '무오독립선언서'로도 불리는 대한독립선언서는 이어지는 2·8 독립선언서, 기미독립선언서와 함께 '3대 독립선언서'로 평가되면서 독립운동사에 큰 영향을 미쳤다(3·1 독립운동 관련 독립선언서는 100여 종이 넘는 것으로 알려졌다. 국가기록원에서 2015년 12월 28일에 지정 고시한 '3·1 독립운동 관련 독립선언서 종류' 146쪽 참조).

대한독립선언서를 살펴보기에 앞서 먼저 알아볼 것이 있다. 바로 '대동단결선언大同團結宣言'이다. 대동단결선언을 발표한 신한혁명당新韓革命黨의 주도자들이 이후에 '대한독립선언서'를 발표한 인사들이며, 또 내용도 상당 부분 서로 닮아 있기 때문이다.

대동단결선언은 1917년 상하이에서 임시정부 수립을 위해 신규식·박은식·신채호·조소앙 등 14명이 작성하여 발표했다. 대동단결선언을 발표할 무렵은 정세가 상당한 위기감이 감돌 때였다. 1917년 7월, 신한혁명당은 고종황제를 모셔와서 망명정부를 세운다는 계획 아래 성낙형成樂馨을 몰래 국내에 잠입시킨다. 하지만 국내에 들어온 성낙형이 변석붕邊錫鵬 등과 함께 고종의 밀명을 받을 방법을 협의하던 중 일본경찰에 붙잡히면서 이 거사는 수포로 돌아간다.

신한혁명당은 이 일이 있기 4개월 전인 1917년 3월, 상하이에서 조직된 독립운동단체였다. 성낙형 등이 상하이의 박은식朴殷植·신규식申圭植 등 동제사同濟社 간부와 이상설李相卨·이춘일李春日·유홍렬劉鴻烈 등과 의기투합해 만들었다.

동제사는 1912년 신규식이 중국 상하이에서 거류 한인 상조회를 가장하여 조직한 독립운동단체로, 재상해한인공제회라고도 불리며, 상하이에서 조직된 최초의 한국인 독립운동단체이다.

이들은 당시 종전을 앞두고 있던 제1차 세계대전이 독일의 승리로 끝날 것으로 예상하고, 독일이 연합국으로 참전한 일본을 공격할 것이라는 전망 아래 이때가 우리나라가 독립할 수 있는 절호의 기회라고 판단하고 있었다. 또한 당장 공화정을 실시하기는 현실적으로 어렵다고 판단해 고종을 내세워 제정체제(입헌군주제 성격의 보황주의)를 수립하려고 했다. 하지만 제1차 세계대전의 결과는 이들의 예상을 뒤엎고 정반대 상황으로 전개되었다. 독일이 항복하고 연합국이 승리한 것이다.

그런 가운데 성낙형의 국내 잠입 체포라는 걸림돌을 만나 신한혁명당은 존립마저 위협받게 되었다. 그러다 실질적인 중화민국의 군주였던 위안스카이와 신한혁명당 본부장이던 이상설의 사망이라는 또 다른 대내외적 악재를 만나 결국 해체하기에 이른다. 이런 상황에서 해외 독립운동가들에게는 그동안의 노선을 재정비함과 동시에 새로운 전환점을 만들어야 할 필요성이 요구됐다. 대동단결선언은 이런 시대적 배경 속에서 나왔다.

대동단결선언은 그동안 간략하게 그런 일이 있었다는 정도로 회자되다가 구체적인 내용이 알려진 것은 1986년 안창호 선생의 유품에서 발견되어 독립기념관에 기증되면서부터다. 실물은 2009년 아리랑 연구가인 김연갑 씨가 중국 옌지延吉에서 한 동포로부터 입수한 원본을 공개하면서 그 모습을 드러낸 바 있다.

대동단결선언의 자세한 내용은 '대동단결선언 전문'(118쪽)을 참조하기 바란다.

## 대동단결선언 전문

무릇 뭉치면 서고 나뉘면 쓰러지는 것은 하늘의 원리요, 나뉜 지가 오래면 합하고자 하는 것은 인정人情의 율려律呂이다. 생각건대, 멀리로는 삼백 년 유자儒者의 당론이 이조 멸망사의 태반을 점하였고, 가까이로는 십삼 도道 지사의 다툼이 신건설의 중심을 어지럽혔다. 이 같은 삼분오열의 비극을 목도하고 문호를 나누어 세우는 고통을 맛본 우리들이 정률情律에 의해 대동단결을 요구하는 것은 자연의 의무요, 또 도리에 의지하여 총단결을 주장한 것은 당연한 권리이다. 비단 우리들의 주론主論이 이와 같을 뿐만 아니라 일반 동포의 목소리요, 시대의 명령이니, 만천하의 상심한 지사 중에 누가 홀로 동감치 않으리오.

그러나 총단결의 문제는 유래가 오래되어 들으면 귀가 따갑고, 말하면 이가 시리다. 사람들이 모두 합동을 말하여도 실행에 관하여는 혹은 힘이 미치지 못한다고, 혹은 토지가 편하거나 불편하다는 것에 책임을 돌리고, 좌우로 핑계를 대, 세월이 덧없이 지나가 망국 팔 년에 이르도록 내외 지사의 반목이 여전하여 일치단결의 희망이 아득하다.

오히려 두려워하고 맹성猛醒의 자세가 없고 편안히 고식姑息하는 방안을 도모하면 이는 궁견弓甄의 미몽이오 화마華瑪의 진심은 아니다. 근래 러시아에 의지하자, 일본에 의지하자, 중국에 의지하자, 미국에

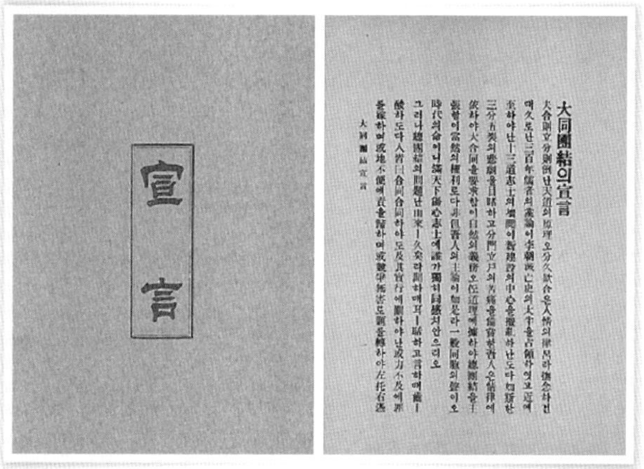


대동단결선언 표지와 대동단결의 선언(1917)

의지하자 하는 선비와 문이다 무다, 남이다 북이다 하는 의론이 분분하여 돌아갈 곳을 모르니, 오호라! 십 년 분투에 얻은 것이 무엇인가! 이마에 부은 물이 반드시 발뒤꿈치까지 흐를 것이니, 불쌍한 우리 자손에게 유습이 대대로 전하여져 당동벌이黨同伐異의 중독에 빠져서는 우리의 앞길은 영겁에 희망이 없다.

시試하여 내지內地의 현상을 돌아보면 경술국치 이후로 방약한 잔학함이 빈틈을 남기지 않아 그 발걸음이 정신합병에 이르러 반일반한半日半韓의 괴물이 날로 늘어나고 비승비속匪僧匪俗의 요얼妖孽이 배출하여 혹 종교를 빙자하여 동화선봉同化先鋒을 만들거나 혹은 정치를 노래하여 자치전제自治前提를 열더니 마침내 저들의 대수술이 이천만 동포의 호흡기관을 파괴하며 사천 년 대동맥을 절단한다. 무엇을 가리키는 것인가. 한국어를 말하는 학생에 대한 가혹한 벌과 한국사를 가르치는 스승의 퇴출이 바로 이것이다. 만일 이러한 형세로 곧장 나아가면 몇 년 못 가 왜놈의 문자는 부자간父子間의 통신에 쓰이고 한민족의 의관은 상혼예식喪婚禮式에도 보기 드물게 될 것이니, 이름과 뜻이 없어짐에 눈물을 뿌린 자는 사실의 없어짐에 피가 솟구칠 것이다.

저 필리핀의 애국가와 베트남의 전문대학과 인도의 과반수 군대와 핀란드의 입법기관은 오히려 나머지 산줄기가 아닌가. 동서만국에 비교할 수 없는 우리 대한의 현상은 실로 참혹하니 어찌 말을 참으리오. 그렇지만 내지 동포는 해외 동지에 대하여 한 가닥 여망을 기대어 날마다 부활의 복을 기도한다.

이에 대하여 재외동지의 각오는 어떠한가. 과연 그 요구에 응할 준비와 그 기대에 부응할 활동이 분명한가. 한밤중 스스로 생각할 때에 한 줌 열정의 눈물이 그치지 않는다. 이는 남의 탓이 아니다. 문을 멀리하고 개인적 싸움으로 국가 상속의 대의를 돌보아야 함이니, 무슨 까닭이라 하겠는가. 융희隆熙 황제가 삼보三寶를 포기한 8월 29일은, 즉 우리 동지가 삼보를 계승한 8월 29일이니, 그사이 순간도 숨을 멈추지 않았다. 우리 동지는 완전한 상속자이고, 저 황제권 소멸의 때가 바로 민권 발생의 때이다. 구한국 최종의 하루는 곧 신한국 최초의 하루이니 무슨 이유인가. 우리 한국은 태고 이래로 한인의 한韓이고 비한인의 한韓이 아니다. 한국인 간의 주권 수수는 역사 불문법의 국헌이고, 비한인에게 주권 양여는 근본적 무효로 한국민족성이 절대 불허하는 바이다. 때문에 경술년 융희 황제의 주권 포기는 바로 우리 국민 동지에 대한 묵시적 선위이니 우리 동지는 당연히 삼보를 계승하여 통치할 특권이 있고, 또한 대통을 상속할 의무가 있다. 고로 이천만의 생령과 삼천리의 옛 강토와 사천 년의 주권은 우리 동지가 상속하였고 상속할 터이니, 우리 동지는 이에 대하여 불가분의 무한책임이 중대하다.

이와 같이 태초 이래로 계계승승繼繼承承하여 삼보를 상속한 자는 완전한 통일조직을 기다려 비로소 그 권리 의무의 행사가 가능할 것이다. 작은 명예와 작은 이익에 골몰하여 백년대계를 방해하면 이는 고아孤兒가 밤 대추 때문에 상喪을 망각하는 것이다.

지금 이에 우리 동지는 내외정세에 느낀 바 깊고 절실하여 법리상 정신상으로 국가 상속의 대의를 선포하여 해외 동지의 총단결을 주장하며, 국가적 활동을 표방하며, 겸하여 내면으로 실질 문제에 들어가 대동단결의 이익을 논하여, 하나는 재정, 둘은 인물, 셋은 신용의 문제가 이것이다.

돌아보니 지금 학정을 피하여 해외에 생활근거를 세운 자가 무려

백만이니 빈부 평균하여 1인 0.5원의 징수는 절대 무망無望이 아니고, 만일 총단결의 명분이 정대하고 기치가 선명하여 완전한 계통적 활동을 시도하면 50만 원의 수입으로 충분히 훌륭한 여러 선비를 망라하여 능히 계속 사업의 기초를 공고케 할 수 있다. 이에 반하여 동서대치에 구구한 소자본으로 여러 일들을 각기 도모하면, 맹세컨대 소자본의 잡화상류雜貨商類라 명목이 많으면 품질이 더욱 떨어지고 현판이 더욱 높으면 내용이 부실하여 도저히 문명인사의 환영과 순량한 동포의 신망을 얻기 어려울 것이다. 저 신디케이트 얼리언스의 유행이 합중력合衆力의 효용을 먼저 깨달아 실행함이라. 상사商事와 국제國際에 항상 그러하기에 더군다나 우리가 패망한 여국餘局을 수습하여 마땅히 따뜻하게 안아주고 서로 도우며 여택麗澤으로 서로 도와 일대 유기체를 조성하여 대법인大法人의 원기를 충실히 함양할 것이니, 이는 경제로 동결同結의 요체를 말함이다.

무릇 인재를 논하건대, 사람은 만능의 재목이 적고, 일은 나눠 맡으면 이익이 많다. 현재 각처의 진행상황은 나눠하는 규칙이 적고 겸하고 대리하는 풍조가 많으니 떠도는 여생에서 무슨 틈에 준비하지 않은 것을 책하겠는가. 그러나 개량의 여지가 있는 범위는 곧 책임의 여지가 없지 않다. 저 향곡사숙鄕曲私塾을 보건대 마을마다 서숙書塾을 세워 집집마다 독선생을 두는 풍습을 없애지 못해 통일개량의 뜻이

저의 양심에 저촉되나 그 완고한 습관을 파하기가 어려워 사람을 잘못 기르는 구태를 반복하니 해외 현실 사정이 또한 반복하는 것이 같다. 인물 양성의 주체가 심히 많다 하나 인물 양성의 객체가 심히 적고, 무武를 겸비한 인재 양성에 손을 대는 것이 매우 급하나 일사일능一事一能의 성공이 매우 어렵다 하니, 아 슬프다, 때를 못 만난 영웅호걸이 각지에서 대인을 보기 어렵다. 지금 이후로는 총단결 대의 아래 천하영재를 길러내어 더없이 높은 법인法人의 대표를 선정하여 무릇 여러 일을 간소화하여 유능한 사람에게 맡기면 인재가 날로 남아돌고 사업이 날로 나아질 것이니 인물 운용으로 합동의 요체를 말함이다.

위와 같이 재정을 합하고 인재를 모아 대의명분에 의거하여 총기관이 성립하면 완연 제일급의 국가적 권위가 현저하게 드러나서 규모는 방대하고 직권은 분명하고 실력은 충족하여 대내외의 신용이 확립하고 임기응변의 기능이 민활하여 족히 대법인의 이상적 작용을 볼 수 있을 것이니 선통宣統은 동맹회의 통일 연락을 기다려 대청大淸 제국을 부흥付興하고 러시아황제는 폴란드인의 재외동맹단과 유태인의 무토국無土國을 기다려 자치독립의 복음을 선전하였으니 합력합심의 효용이 이와 같다.

동서정형東西情形에 비추어 보건대 제1차 통일기관은 제2차 통일국가의 연원이 되고 제2차 국가적 의제는 필경 원만한 국가의 전신이다. 기회의 심지心地가 공평하여 준비자의 소원을 물리치지 말아야 하리니 금일 우리 눈앞에 가로놓여 있는 행운의 기회가 무엇을 기대하고 있는지 시시각각 우리의 유기적 통일을 기다린다. 저 슬라브의 혁명은 반한半韓의 복이니 핀란드, 유태, 폴란드는 그 선진先進이 되고, 연합국의 흩어짐은 전 세계의 복이니 아일랜드, 트리폴리, 모나코, 인도, 티베트, 고려는 부활의 소리가 날마다 높고 그 해방의 제의提議가 날마다 긴박하도다. 다만 이에 그칠 것이 아니라 민권연합회는 강권타파强權打破와 민권신장의 대운동에 착수하여 국경과 종별이 없고 만국사회당은 계절존망繼絶存亡의 대의를 선포하여 인류 화복을 재정裁定하는 현상이 나타나면 이날이 복일인 것이다. 지옥타파의 소리와 성국건립聖國建立 운동이 대국大局의 궤도를 타고 공전함이 건전하니 우리 동지가 이로써 자강회일自彊會一할 때이다. 동쪽 이웃은 소를 잡고 있으나 남은 날이 많지 않고 빽빽한 구름은 비가 되지 아니하나 우리 서교西郊로부터 오라. 광겁의 광명이 금강구토金剛舊土를 멀리 비추며 세상에서 보기 힘든 우담화優曇花가 인연에 따라 현상을 일으키니 단향목檀香木의 바람에 중심衆心이 환호하는 이날이 복일이다. 장엄 신성한 더할 나위 없이 좋은 법인法人이 일대사를 위하여 출현할 상스러운 조짐이 아닌가.

이로 말미암아 냉혈이 오히려 동하고 긴 잠에서 비로소 깨어나며 일체함령一切含靈이 활기를 띠고 고고중생枯苦衆生이 복음을 기대한다. 이즈음에 애국의 정성과 합군合群의 소원이 피차일반이니 어찌 선후 우열이 그 사이에 있겠는가마는 혹 자중을 표방하며 혹 구책仇嘖을 고기顧忌하며 혹 겸덕謙德을 숭상하며 혹 일부를 각자 도모함으로 연래年來에 공식적 선언으로 대중에 대한 진정 바라는 바는 서로 돌아보고 잊어버렸다.

아아! 동인同人은 오늘에 이르러 사방 조류의 구충驅衝과 일편단심의 격발로 참으려 해도 참을 수 없고 주저할 여유가 없어 이에 주권 상속의 대의와 대동단결의 문제를 제거하여 먼저 각계 현명한 제공諸公의 찬동을 구하며 계속하여 일반 국민의 경성警醒을 재촉하며 옆으로 세계의 공론을 환기하고자 하니 일치단결은 신한新韓의 광명이고 진리이고 생명이다. 이를 떠나면 우리의 앞길은 암흑이요 거짓이요 사망이니 고로 분합分合의 문제는 즉 사활의 기로인 즉 하루가 빠르면 신한의 부활은 하루가 빠르고 우리의 단결이 하루가 늦으면 신한의 건립은 하루가 늦으니 이는 천리인정天理人情에 비추어 지공무사至公無私한 의논으로써 만천하 동지 여러분 앞에 선포, 제의하노니, 하늘이 그 명에 응하고 사람이 그에 응하는 것이 이치가 된다.

### 제의강령

1. 해외 각지에 현존한 단체의 대소은현大小隱顯을 막론하고 규합 통일하여 유일무이의 최고기관을 조직할 것.
2. 중앙 총본부를 상당한 지점에 설치하여 일체 한족韓族을 통치하며 각지에 지부를 두고 관할구역을 명확히 정할 것.
3. 대헌大憲을 제정하여 민정民情에 합合한 법치를 실행할 것.
4. 독립평등의 성권聖權을 주장하여 동화同化의 마력魔力과 자치의 열근劣根을 방제防除할 것.
5. 국정國情을 세계에 공개하여 국민외교를 실행할 것.
6. 영구히 통일적 유기체의 존립을 공고히 하기 위하여 동지 간의 애정을 수양할 것.
7. 위의 실행방법은 기성旣成한 각 단체의 대표와 덕망이 있는 개인의 회의로 결정할 것.

단제기원 사천이백오십년 칠월 일

신정申檉 박용만朴容萬 박은식朴殷植 조욱曺煜 김성金成
조용은趙鏞殷 한진韓震 신채호申采浩 박기준朴基駿 이일李逸
신헌민申獻民 홍위洪煒 윤세복尹世復 신빈申斌

## 02_중광단이 선언 주도

아무튼 대한독립선언은 1919년 중국 동북부 지린성에서 김교헌金教獻을 비롯해 김규식·김약연·김좌진·이승만·이시영·박은식·안창호 등 우리에게 이름이 익숙한 내로라하는 독립운동가 39명이 서명하여 발표되었다. 대한독립선언서는 중광단重光團 인사들이 주도했다고 해서 '중광단선언서'라고 불리기도 한다.

중광단은 1911년 만주에서 결성된 항일 독립운동단체로, 국내에서 의병운동을 하다 만주로 망명한 서일徐一, 계화桂和, 채오蔡五, 양현梁玄 등이 주도하여 설립했다. 이들은 대종교도였는데, 대종교는 나철羅喆(1863~1916)이 1909년 1월 15일에 중광重光(거듭 일어남)한 단군교로, 1910년에 이름을 대종교로 바꾼 민족종교이다.

대한독립선언서에 서명한 39명 중 대종교의 2대 교주인 김교헌을 비롯해 대종교 교도가 다수 참여하고 있는 것도 이런 배경에 기인한다고 볼 수 있다. 대종교 이외의 참여 인사는 이승만, 안창호 등 10여 명에 불과하다. 더욱이 대종교의 수장인 김교헌이 서명자 맨 앞에 이름을 올리는 것으로 보아 대종교에서 기획하고 작성하고 발표한 것이 아닌가 하는 합리적 의심을 갖게 한다(136쪽, '대한독립선언서를 주도한 김교헌은 누구인가' 참조).

물론 대한독립선언서를 기초한 조소앙은 대종교에 입교한 흔적은 보이지 않지만 대종교 인사들과 활발한 교류를 가졌던 것으로 알려진다(138쪽, '대한독립선언서 작성자 조소앙은 누구인가' 참조).

그동안 우리는 대한독립선언서에 대해 잘 알지 못했다. 조소앙의 자전이나 정원택鄭元澤의 《지산외유일지志山外遊日誌》에서 언급되었지만 그 실체가 드러나지 않았고, 또 연구도 활발하지 않았기 때문이다. 그러나 대한독립선언서는 2·8 독립선언서와 함께 기미독립선언서에 지대한 영향을 끼치므로 결코 소홀히 보면 안 된다.

대한독립선언서에 대한 이야기를 본격적으로 하기에 앞서 대한독립선언서의 발표 시기와 관련한 논란부터 짚어볼 필요가 있다. 왜냐하면 대한독립선언서가 혹자들의 주장처럼 '2·8 독립선언서'와 '기미독립선언서'보다 나중에 발표되었다면 앞의 문장 "대한독립선언서는 이어지는 2·8 독립선언서, 기미독립선언서와 함께 '3대 독립선언서'로 평가되면서……"라는 표현이 잘못된 것이 되기 때문이다.

대한독립선언서는 끝에 '단군기원 4252년 2월  일'로 명기하고 있다. 여기서 단군기원 4252년을 서기로 환산하면 1919년이 되는데, 1919년 2월 1일은 음력 1월 1일이다. 이 선언을 '무오독립선언'이라고 하려면 당연히 무오년(1918)에 발표되어야 하고, 그렇다면 적어도 양력 1919년 1월 31일 또는 그 이전에 발표되었어야 한다.

대한독립선언서를 기초한 조소앙은 《조소앙 선생 문집》, 〈회고〉에서 1919년 '2월'이라고 했다.

"3·1 독립운동 전 무오년에는 길림성에 체류하면서 대한독립의군부

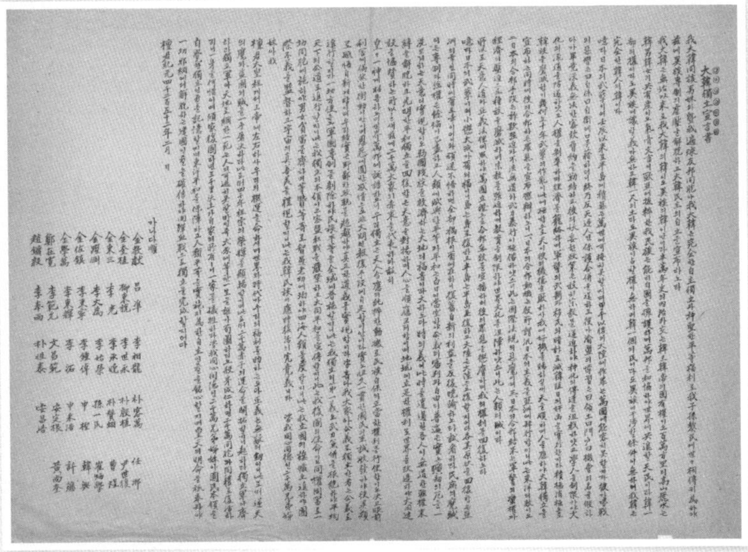
大韓獨立宣言書

대한독립선언서(무오독립선언서)

의 조직과 '한국독립선언서'를 작성하여 39여의 재외 거두로 더불어 공동 서명하여 선포하였다."

그런데 일부에서는 다른 주장을 내놓는다. 작가 송우혜는 정원택의 《지산외유일지》의 기록과 대한독립선언서 끝의 발표월인 2월을 음력으로 봐야 한다며 '기미독립선언서' 이후에 발표했다고 주장한 바 있다. 또한 국학연구소가 2018년 11월에 개최한 '대한독립선언서 선포 100주년 기념 학술회의'에서 발표자로 나선 신운용(한국외국어대)은 '대한독립선언서의 발표 시기와 서명자에 대한 분석'이란 제목의 발표에서 신규식이 주도한 주보週報 〈진단震壇〉 창간호 기록을 근거로 순서가 '2·8 독립선언서'와 '기미독립선언서' 사이라고 주장하기도 했다.

> "근년 이래 중요 선언은 모두 다섯 번 있었다. 첫 번째는 상해에서 선포한 것(대동단결선언-필자)이고, 두 번째는 동경에서 선포한 것(2·8 독립선언서-필자)이며, 세 번째는 길림에서 선포한 것(대한독립선언서-필자)이며, 네 번째는 한국 경성에서 선포한 것(기미독립선언서-필자)이며, 다섯 번째는 해삼위*에서 선포한 것(연해주독립선언서-필자)이다."

그런데 2014년에 공개된 독립선언서 영역본 소책자(하와이에서 박용만 등이 중심이 되어 결성한 대조선독립단 발행)에는 대한독립선언의 양력 발표 시기가 1919년 2월로 되어 있다. 또 발표 순서도 그동안 일반적으로 통용되던 '대한독립선언서' 다음 '2·8 독립선언서', 그다음에 '기미독립선언서'를 위치시켰다.

이런 점으로 미루어 볼 때 '대한독립선언서'는 '기미독립선언서'보다 앞서 발표된 것으로 그동안의 통설이 설득력 있음을 뒷받침한다. 그러므로 나도 그 사실에 맞춰 이 글을 쓴다.

---

***해삼위(海參崴)**: 러시아의 블라디보스토크. 1860년까지 중국의 영토였으며 '해삼위'로 불렸다.

## 03_대한독립선언서의 내용

대한독립선언서는 어떤 내용을 담고 있는가. 국사편찬위원회에서 펴낸 《한국독립운동사 3》을 참고하여 살펴보자. 이 책에서는 대한독립선언서를 내용상 크게 7개 부분으로 나눈다.

첫째, 대한민주공화국의 자립을 선포한다. 대한독립선언서의 첫 구절을 보자.

> 우리 대한은 완전한 자주독립의 신성한 평등복리로 우리 자손 여민에 대대로 전하기 위해 여기 이민족 전제의 학대와 억압을 해탈하고 대한민주의 자립을 선포하노라.

이 구절을 놓고 보면 '완전한 자주독립의 신성한 평등복리'를 자손만대에 전하기 위해 대한민주의 자립을 선포한다.

둘째, 외세의 지배는 절대로 받아들일 수 없다는 강렬한 의지로써 한국이 자주독립국임을 강조한다.

> 우리나라의 털끝만 한 권한이라도 이민족에게 양보할 의무가 없고, 우리 강토의 촌토라도 이민족이 점유할 권한이 없으며, 한 사람의

한인韓人이라도 이민족이 간섭할 조건이 없으니, 우리 한韓은 완전한 한인의 한韓이라.

셋째, 세계 각국에 '한일합병'이 무효임을 강조함과 동시에 대한의 독립을 선포한다.

"일본의 무력이여. 임진 이래로 반도에 쌓아 놓은 악은 만세에 엄폐할 수 없"다며 일제의 한국 침략 상황에 대해 "슬프다"고 했다. 또한 일제가 "갑오 이후 대륙에서 지은 죄는 만국에 용납지 못할지라"며 독립의 의지를 다진다.

넷째, 각국은 제국주의 침략을 중지할 것을 요구한다.

인민의 마적이었던 전제와 강권은 잔재가 이미 다하였고, 인류에 부여된 평등과 평화는 명명백백하여, 공의公義의 심판과 자유의 보편성은 실로 광겁曠劫의 액厄을 크게 씻어내고자 하는 천의天意의 실현함이요, 약국잔족弱國殘族을 구제하는 대지의 복음이라.

다섯째, 평화독립과 대동건설을 주장한다.

우리는 함께 나아가 무도한 강권속박强權束縛을 해탈하고 광명한 평화독립을 회복함은, 하늘의 뜻을 높이 날리며 인심을 순응시키고자 함이며, 지구에 발을 붙인 권리로써 세계를 개조하여 대동건설을 협찬하는 소이로서 우리 여기 이천만 대중의 충성을 대표하여……

이는 미국의 윌슨 대통령이 제1차 세계대전 중인 1918년에 발표한 이른바 '민족자결주의'가 종전협정에서 식민지 약소국의 독립을 위한 하나의 원칙처럼 받아들여질 것이라는 희망에 근거하고 있다. '인류에게 부여된 평등과 평화는 세계의 흐름'이라는 측면에서 한국 독립의 당위성이 생긴다는 것이다. 그러면서 우리나라의 평화독립을 통해 대동사회를 건설해야 한다고 주장한다.

여섯째, 한민족에 대한 호소를 담고 있다.

"정의는 무적의 칼이니 이로써 하늘에 거스르는 악마와 나라를 도적질하는 적을 한 손으로 무찌르라"며 이 선언서는 한민족 전체에게 궐기를 호소한다.

그러면서 독립을 쟁취한 뒤 세워질 나라는 "동등한 권리와 부同權同富를 모든 동포一切同胞에게 베풀며 남녀빈부를 고르게 다스리며, 등현등수等賢等壽로 지우노유知愚老幼에게 균등均等하게 하여 사해인류四海人類를 포용度할 것"이라고 주장한다.

일곱째, 독립을 쟁취할 수 있는 방략과 우리가 원하는 대한의 독립을 얻기 위한 실질적인 방책을 제시했다.

> 천지로 망網한 한 번 죽음은 사람의 면할 수 없는 바인즉, 개·돼지와도 같은 일생을 누가 원하는 바이리오. 살신성인하면 이천만 동포와 동체同體로 부활할 것이니 일신을 어찌 아낄 것이며, 집안이 기울어도 나라가 회복되면 삼천리 옥토가 자가의 소유이니 일가一家를 희생하라!

특히 대한독립선언서는 앞에서도 말했듯이 대종교가 주도했다는 점에서 몇 가지 더 살펴봐야 할 점이 있다. 이 점은 2018년 11월에 열린 국학연구소의 '대한독립선언서 선포 100주년 기념 학술회의'의 자료집을 토대로 서술한다.

우선 '한韓'이라는 이름의 사용이다. 이 심포지엄에서 윤명철(동국대)은 '대한독립선언서'는 '기미독립선언서'의 첫머리에 '선언서'라고 표기하고 있는 것과 달리 정식 국호를 사용해 '대한독립선언서'라고 명기함으로써 뚜렷한 목표지향성을 보인다고 분석했다. 사실 일본은 "특별한 의미를 지닌 새로운 국호 '한국韓國'을 사용할 수 없도록 법령을 제정하고 '조선'이라고 쓰도록 강요했다"는 것이다. 대한독립선언서에는 "우리 대한은 예로부터 대한의 한韓이요 이민족의 한韓이 아니다"라고 명시하고 있다.

또 정영훈(한국학중앙연구원)은 이 심포지엄에서 대한독립선언서는 "비타협적인 육탄혈전과 독립군의 궐기를 촉구하는 차별성이 보인다"고 했다. 이 점에서는 비폭력주의를 채택한 기미독립선언서와 분명한 차별성이 보인다.

사실 시쳇말로 말로만 독립선언을 외친다는 것은 형식적인 구두선口頭禪에 불과할 뿐 실질적인 영향력이 미치는 데는 한계가 있다는 점에서 보다 현실적인 주의로 보인다. 물론 기미독립선언이 비폭력주의를 채택했음에도 독립운동에 전기를 마련할 수 있었던 것은 민중의 적극적인 참여가 폭력투쟁만큼이나 효과가 있었기 때문인 것으로 볼 수 있다.

아무튼 대한독립선언서가 기미독립선언서 발표에 지대한 영향을 주었다는 사실은 부인할 수 없다. 도도하게 전개된 독립선언은 이렇게 시작되었다.

# 대한독립선언서를 주도한 김교헌은 누구인가

대종교 2대 교주 김교헌

대종교의 2대 교주였던 김교헌金教獻(1868~1923)은 수원에서 태어났고, 문과에 급제해 벼슬에 나가 성균관 최고직인 대사성까지 올랐다. 독립협회, 만민공동회 등에서 활동하기도 했던 그는 1909년 단군교(대종교)에 가입해 활동을 시작한다.

우리 민족 고유의 종교인 대종교는 나철이 1909년 음력 1월 15일에 선포한 단군교의 바뀐 이름이다. 단군숭배 사상을 기초로 하고, 환인·환웅·환검의 삼위일체인 '한배검'을 신앙한다. 나철이 구국운동의 하나로 오기호 등 10여 명의 동지들과 서울 재동에 '단군대황조신위檀君大皇祖神位'를 모셔놓고 '단군교 포명서'를 선포하면서 대종교는 시작되었다.

특히 대종교는 북간도에 지사를 설치해 독립운동에 큰 역할을 했다. 1914년에는 일제의 탄압을 피해 본사를 북간도로 옮기기도 했다. 김교헌은 이 해에 나철의 지시로 《신단실기》를 저술 간행했다.

1916년 교주 나철이 일제의 폭정에 통분해하며 한민족의 분발을 촉구하는 유서를 남기고 스스로 곡기를 끊고 자진自盡하자 김교헌이 그 뒤를 이어 2대 교주가 된다. 김교헌은 총본사를 동만주 화룡으로 옮겨 홍범규칙을 공포하고 교세 확장과 독립투쟁을 적극 전개했다.

1919년 '대한독립선언서' 발표에서 주도적 역할을 한 김교헌은 일제가 청산리 전투에 대한 보복 차원에서 신도들을 무차별 학살하자 이에 울분을 느껴 발병했고, 1923년에 사망했다.

# 대한독립선언서 작성자 조소앙은 누구인가

대동단결선언과 대한독립선언서를 기초한 것으로 알려진 조소앙

대동단결선언과 대한독립선언서를 기초한 것으로 알려진 조소앙趙素昂(1887~1958, 본명은 용은鏞殷, 소앙은 호)은 1887년 4월 30일 경기도 파주군 월롱면에서 태어났다. 어려서부터 천재 소리를 들은 조소앙은 할아버지에게서 사서오경, 제자백가 등 한학을 배웠다.

조소앙은 1902년 성균관에 최연소로 입학해 신채호 등과 친일 반민족행위자인 이하영李夏榮 등 친일 정부 관료들이 산림 등의 황무지 개간권을 일본에 넘기려 하자 성토문을 만들어 반대운동을 했다.

1904년 성균관을 마친 뒤 황실 장학생으로 선발돼 일본으로 건너갔다. 일본 유학 중이었던 1910년, 일본이 한국을 병탄하자 '한일합방 성토문'을 작성해서 비상대회를 소집하려다 발각돼 심한 고초를 겪었다.

1912년에 메이지대학을 졸업하고, 귀국해서 경신학교, 양정의숙 등 몇몇 학교에서 교편을 잡다가 이듬해 중국으로 망명, 신규식이 만든 동제사同濟社에 참여한다.

1918년 대한독립선언서(무오독립선언서)를 작성했고, 1919년 4월에는 상하이 임시정부 수립에 참여해 대한민국 최초의 헌법인 〈대한민국 임시헌장〉을 기초했으며, 임시의정원법을 제정하는 임시의정원으로 선출되기도 했다.

1929년 한국독립당 창당발기인으로 참여했으며, 정치 균등·경제 균등·교육 균등의 '삼균주의三均主義'를 제창하고, 이를 당헌과 당강으로 기초하여 통과시켰다.

1945년 11월 임시정부 요인들과 함께 환국한 조소앙은 신탁통치에 반대하는 반탁운동을 주도하기도 했고, 한국독립당 부위원장으로도 활동했다. 그러다 1950년 한국전쟁이 일어나자 피신하지 못하고 인민군에 의해 납북됐는데, 1958년 9월 10일 타계한 것으로 알려졌다.

한편 2019년 2월 1일 조소앙이 직접 작성한 대한독립선언서 육필 초고가 직계 손자인 조언래 씨(조소앙 기념사업회 사무총장)에 의해 일반에 공개됐다.

## 대한독립선언서 전문

우리 대한 동족 남매와 온 세계 우방 동포여!

우리 대한은 완전한 자주독립과 신성한 평등복리로 우리 자손 여민黎民(백성)에 대대로 전하게 하기 위하여, 여기 이민족 전제의 학대와 억압을 해탈하고 대한 민주의 자립을 선포하노라.

우리 대한은 예로부터 우리 대한의 한韓이요, 이민족의 한韓이 아니라, 반만년사의 내치외교內治外交는 한왕한제韓王韓帝의 고유 권한이요, 백만방리의 고산려수高山麗水는 한남한녀韓男韓女의 공유 재산이요, 기골문언氣骨文言이 유럽과 아시아에 뛰어난 우리 민족은 능히 자국을 옹호하며 만방을 화합하여 세계에 공진할 천민天民이라, 우리나라의 털끝만 한 권한이라도 이민족에게 양보할 의무가 없고, 우리 강토의 촌토라도 이민족이 점유할 권한이 없으며, 우리나라 한 사람의 한인韓人이라도 이민족이 간섭할 조건이 없으니, 우리 한韓은 완전한 한인의 한韓이라.

슬프도다, 일본의 무력과 재앙이여. 임진 이래로 반도에 쌓아놓은 악은 만세에 엄폐치 못할지며, 갑오 이후 대륙에서 지은 죄는 만국에 용납지 못할지라. 그들이 전쟁을 즐기는 악습은 자보自保니 자위自衛니 구실을 만들더니, 마침내 하늘에 반하고 인도에 거스르는 보호 합병을 강제하고, 그들이 맹세를 어기는 폐습은 영토니 문호니 기회니 구실을 거짓 삼다가 필경 불의로운 불법의 밀관협약密款脅約을 강제로 맺고, 그들의 요망한 정책은 감히 종교와 문화를 말살하였고, 교육을 제한하여 과학의 유통을 막았고, 인권을 박탈하며 경제를 농락하며 군경軍警의 무단과 이민이 암계暗計로 한족을 멸하고 일인을 증식滅韓殖日하려는 간흉을 실행한지라.

적극적, 소극적으로 우리의 한韓족을 마멸시킴이 얼마인가.

십 년 무력과 재앙의 작란作亂이 여기서 극에 이르므로 하늘이 그들의 더러운 덕을 꺼리시어 우리에게 좋은 기회를 주실 새, 우리들은 하늘에 순종하고 인도에 응하여 대한독립을 선포하는 동시에 그들의 합병하던 죄악을 선포하고 징계하니,

1. 일본의 합방 동기는 그들의 소위 범일본주의를 아시아에서 실행함이니, 이는 동아시아의 적이요,
2. 일본의 합방 수단은 사기강박과 불법무도와 무력폭행을 구비하였으니, 이는 국제법규의 악마이며,
3. 일본의 합병 결과는 군경의 야만적 힘과 경제의 압박으로 종족을 마멸하며, 종교를 억압하고 핍박하며, 교육을 제한하여 세계문화를 저지하고 장애하였으니 이는 인류의 적이라,

그러므로 하늘의 뜻天意과 사람의 도리人道와 정의正義 법리法理에 비추어 만국의 입증으로 합방 무효를 선포하며, 그들의 죄악을 응징하며 우리의 권리를 회복하노라.

슬프도다, 일본의 무력과 재앙이여! 작게 징계하고 크게 타이름이 너희의 복이니 섬은 섬으로 돌아가고, 반도는 반도로 돌아오고, 대륙은 대륙으로 회복할지어다.

각기 원상原狀을 회복함은 아시아의 바람인 동시에 너희도 바람이러니와, 만일 미련하게도 깨닫지 못하면 화근이 모두 너희에게 있으니, 복구자신復舊自新의 이익을 반복하여 알아듣게 타이를 것이다.

보라! 인민의 마적이었던 전제와 강권은 잔재가 이미 다하였고, 인류에 부여된 평등과 평화는 명명백백하여, 공의公義의 심판과 자유의 보편성은 실로 광겁曠劫의 액厄을 크게 씻어내고자 하는 천의天意의 실현함이요, 약국잔족弱國殘族을 구제하는 대지의 복음이라.

장하도다, 시대의 정의여. 이때를 만난 우리는 함께 나아가 무도한 강권속박强權束縛을 해탈하고 광명한 평화독립을 회복함은, 하늘의 뜻을 높이 날리며 인심을 순응시키고자 함이며, 지구에 발을 붙인 권리로써 세계를 개조하여 대동건설을 협찬하는 소이로서 우리 여기 이천만 대중의 충성을 대표하여, 감히 황황일신皇皇一神께 분명히 알리고昭告 세계만방에 고하오니, 우리 독립은 하늘과 사람이 모두 향응天人合應하는 순수한 동기로 민족자보民族自保의 정당한 권리를 행사함이요, 결코 목전의 이해眼前利害에 우연한 충동이 아니며, 은혜와 원한恩怨에 관한 감정으로 비문명한 보복수단에 자족한 바가 아니라, 실로 항구일관恒久一貫한 국민의 지성이 격발하여 저 이민족으로 하여금 깨닫고 새롭게 함感悟自新이며, 우리의 결실은 야비한 정궤政軌를 초월하여 진정한 도의를 실현함이라.

아, 우리 대중이여! 공의로 독립한 자는 공의로써 진행할지라, 일체一切의 방편方便으로 군국전제를 삭제하여 민족 평등을 세계에 널리 베풂普施지니 이는 우리 독립의 제일의 뜻第一意이요, 무력 겸병武力兼倂을 근절하여 평등한 천하平均天下의 공도公道로 진행할지니 이는 우리 독립의 본령이요, 밀약사전密約私戰을 엄금하고 대동평화를 선전宣傳할지니 이는 우리 복국의 사명이요, 동등한 권리와 부同權同富를 모든 동포一切同胞에게 베풀며 남녀빈부를 고르게 다스리며, 등현등수等賢等壽로 지우노유知愚老幼에게 균등均하게 하여 사해인류四海人類를 포용度할 것이니 이것이 우리 건국立國의 기치旗幟요, 나아가 국제불의國際不義를 감독하고 우주의 진선미를 체현體現할 것이니 이는 우리 대한민족의 시세에 응하고 부활應時復活하는 궁극의 의의究竟義니라.

아, 우리 마음이 같고 도덕이 같은同心同德 이천만 형제자매여! 우리 단군대황조께서 상제上帝에 좌우하시어 우리의 기운機運을 명하시며, 세계와 시대가 우리의 복리를 돕는다.

정의는 무적의 칼이니 이로써 하늘에 거스르는 악마와 나라를 도적질하는 적을 한 손으로 무찌르라. 이로써 오천 년 조정의 광휘光輝를 현양顯揚할 것이며, 이로써 이천만 백성赤子의 운명을 개척할 것이니, 궐기起하라 독립군! 제齊하라 독립군!

천지로 망網한 한 번 죽음은 사람의 면할 수 없는 바인즉, 개·돼지와도 같은 일생을 누가 원하는 바이리오. 살신성인하면 이천만 동포와 동체同體로 부활할 것이니 일신을 어찌 아낄 것이며, 집안이 기울어도 나라가 회복되면 삼천리 옥토가 자가의 소유이니 일가一家를 희생하라!

아, 우리 마음이 같고 도덕이 같은 이천만 형제자매여! 국민본령國民本領을 자각한 독립임을 기억할 것이며, 동양평화를 보장하고 인류평등을 실시하기 위한 자립인 것을 명심할 것이며, 황천의 명령을 크게 받들어祇奉 일절一切 사망邪網에서 해탈하는 건국인 것을 확신하여, 육탄혈전肉彈血戰으로 독립을 완성할지어다.

단군기원 4252년 2월 일

김교헌金敎獻 김규식金奎植 김동삼金東三 김약연金躍淵 김좌진金佐鎭
김학만金學萬 여준呂準 정재관鄭在寬 조용은趙鏞殷 유동열柳東說
이광李光 이대위李大爲 이동녕李東寧 이동휘李東輝 이범윤李範允
이봉우李奉雨 이상룡李相龍 이세영李世永 이승만李承晩 이시영李始榮
이종탁李鍾倬 이탁李沰 문창범文昌範 박성태朴性泰 박용만朴容萬

박은식朴殷植 박찬익朴贊翊 손일민孫一民 신정申檉 신채호申采浩

안정근安定根 안창호安昌浩 임방任邦 윤세복尹世復 조용은趙鏞殷

조욱曺煜 정재관鄭在寬 최병학崔炳學 한흥韓興 허혁許爀

황상규黃尙奎

# 3·1 독립운동 관련 독립선언서 종류

*국가기록원에서 2015년 12월 28일에 지정 고시한 내용임.

| 연번 | 기록물명 | 수량 | 생산자 | 생산년도 | 규격 | 기록물 내용 |
|---|---|---|---|---|---|---|
| 1 | 대한독립선언서 | 2 | 하와이 대한인국민회 | 1919 | 가로(61.2)<br>세로(79.2)<br>매수(1) | 하와이 대한인국민회에서 발행한 독립선언서로 3·1 독립선언서 전문과 임시정부의 각료 명단, 임시헌장, 선언문, 정강을 함께 실었다. |
| 2 | 독립선언서 (영문) | 4 | 하와이 대한인국민회 | 1919 | 가로(21.0)<br>세로(35.5)<br>매수(1) | 독립만세시위 때 미주 지역에서 배포된 영문판 독립선언서이다. 1919년 3월 9일 원동 통신원 현순(玄楯)에 의해 국내 3·1 독립운동에 관한 소식이 미주 각지와 하와이에 전해지자, 대한인국민회에서는 영문판 독립선언서를 발행해 한국인의 독립의지를 천명했으며, 조국에서 일어난 3·1 독립운동의 실상을 미주 동포들과 세계만방에 알렸다. |
| 3 | 독립선언서 (국한문) | 1 | 하와이 대한인국민회 | 1919 | 가로(46.5)<br>세로(19.5)<br>매수(1) | 하와이 대한인국민회가 발행한 독립선언서로 3·1 운동의 실상을 미주 동포 및 만방에 알리기 위해서 작성된 것이다. |
| 4 | 경남 통영의 3·1 독립운동 격문(동포에게 격하노라) | 1 | 배익조 외 | 1919 | 가로(35.6)<br>세로(25.1)<br>매수(1) | 경남 통영 지역의 3·1 독립운동 호소 격문이다. 한일 강제병합과 총독부 정책의 기만성을 고발하고, 조선 민족은 자유와 조국을 위해 궐기하자는 내용을 싣고 있다. |

| 연번 | 기록물명 | 수량 | 생산자 | 생산년도 | 규격 | 기록물 내용 |
|---|---|---|---|---|---|---|
| 5 | 3·1 독립선언서 (보성사판) | 1 | 최남선 | 1919 | 가로(44.9) 세로(20.1) 매수(1) | 3·1 독립운동 당시 국내외에 배포한 독립선언서로, 최남선이 기초했다. 이 선언서에서는 민족자존의 정당한 권리와 인류 평등의 대의를 천명하고 있으며, 평화적인 시위운동을 벌일 것을 원칙으로 했다. 1919년 3·1 독립운동 당시 천도교 인쇄소인 보성사에서 조판, 인쇄하였다. |
| 6 | 경남 하동에 배포된 독립선언서 | 1 | 박치화 외 | 1919 | 가로(32.5) 세로(24.0) 매수(1) | 1919년 3월 18일 경상남도 하동에서 박치화(朴致和)를 비롯한 12인이 작성한 독립선언서이다. 3·1 만세운동이 일어나자 하동군 면장으로 있던 박치화는 사표를 제출하고 독립만세운동을 계획해 지방 자체의 독립선언서를 만들었다. 이 선언서는 인도와 정의의 방법으로 독립을 이루어나갈 것을 주장하고 있다. |
| 7 | 평북 철산의 유봉영에게 우송된 독립선언서 | 1 | | 1919.3.1 | 가로(32.0) 세로(24.0) 매수(1) | 3·1 독립운동 당시 서울에 거주하는 익명의 한 인사가 평안북도 철산의 유봉영 앞으로 발송한 등사판 독립선언서. 뒷면에는 서울의 3·1 독립운동 소식과 파리 강화회의에 파견된 한국 대표단의 활동 소식, 철산의 봉기를 촉구하는 글이 적혀 있다. 3·1 독립운동 때 철산에서는 5, 6천 명 이상의 군중이 모여 격렬한 만세시위를 전개했다. |
| 8 | 3·1 독립선언서 | 1 | | 1919 | 가로(33.0) 세로(24.5) 매수(1) | 1919년 3월 1일 민족대표 33인이 독립만세시위에서 발표한 독립선언서로, 2·8 독립선언서와 함께 정명여중에서 발견되었다. |

| 연번 | 기록물명 | 수량 | 생산자 | 생산년도 | 규격 | 기록물 내용 |
|---|---|---|---|---|---|---|
| 9 | 2·8 독립선언서 | 1 | 조선청년 독립단 | 1919 | 가로(34.0) 세로(24.5) 매수(6) | 도쿄에 있는 조선 유학생들이 1919년 2월 8일 조선청년독립단 명의로 발표한 선언문과 결의문 중 4개항의 결의문이다. 도쿄에 있던 유학생들은 1919년 2월 8일 유학생대회를 열고 2·8 독립선언서를 발표했다. 이때 발표된 선언은 3·1 운동 발단에 직접적인 영향을 주었으며 발표된 선언문과 결의문은 최남선이 3·1 독립선언서를 기초할 때 참고가 되었다. |
| 10 | 3·1 독립선언서 (신문관판) | 1 | 최남선 | 1919 | 가로(36.0) 세로(25.4) 매수(1) | 1919년 3·1 독립운동 당시에 신문관에서 조판하여 인쇄한 선언서로 알려져 있다. 보성사 판과는 판형과 활자체가 다르고 표기에서 차이가 있다. |
| 11 | 대한독립선언서 (무오독립선언서) | 13 | 김교헌 외 | 1919 | 가로(52.0) 세로(37.1) 매수(1) | 1919년 2월 김교헌(金敎獻) 등 39인의 명의로 중국 지린(吉林)에서 발표된 독립선언서이다. 작성자는 조소앙, 서명자는 김교헌, 김동삼, 조소앙, 신규식, 안창호 등 당시 해외 독립운동을 이끌었던 이들이 망라되어 있다. 이 선언서는 1918년 무오년에 선포되었다 하여 일명 '무오독립선언서'라고 하는데 발표일자는 '단군기원 4252년 2월 _일'로 되어 있고, 서기로는 1919년 2월이다. 전문의 내용은 "대한은 완전한 자주독립국임과 민주의 자립국임"을 선포하고, 이천만 동포들에게 국민 된 본령이 독립인 것을 명심할 것과 육탄혈전으로써 독립을 완성할 것을 요구했다. |

| 연번 | 기록물명 | 수량 | 생산자 | 생산년도 | 규격 | 기록물 내용 |
|---|---|---|---|---|---|---|
| 12 | 조선독립선언서<br>(朝鮮獨立宣言書) | 8 | 한규설 외 | 1919 | 가로(51.8)<br>세로(32.4)<br>매수(1) | 1919년 2월(음력) 만주의 임강현 모아(臨江縣 帽兒) 부근에서 한규설 등에 의해 선포된 독립선언서로, 3·1 독립선언서의 첫머리만을 약간 고쳐 만든 간략한 독립선언서이다. 이 선언서에는 "우리는 이에 조선의 독립, 조선인의 자유를 선언한다. 이로써 세계만국에 알려 인류평등의 대의를 복명(復命)하고, 이로써 자손만대에 전하여 민족자존의 정권을 가지게 한다"로 되어 있다. 서명자는 한규설(韓圭卨)·곽종석(郭鐘錫)·전우(田愚)·최린(崔麟)·윤용구(尹用求)·손병희(孫秉熙)·오세창(吳世昌) 등이다. |
| 13 | 대한독립<br>여자선언서 | 12 | 애국부인회 | 1919 | 가로(49.8)<br>세로(31.6)<br>매수(1) | 1919년 2월 간도(間島)에 있는 애국부인회가 우리나라 독립을 선언한 대한독립여자선언서이다. 3·1 독립운동 이후 미국, 노령, 만주 등에 있던 여성들은 독립운동에 참여하기 위해 대한부인회를 조직하고 〈대한독립선언서〉를 작성, 독립만세운동을 전개했다. 선언서는 부녀자들도 독립운동에 동참할 것을 촉구하는 격문적 성향을 띠어 독립운동은 우리의 제일의 의무이며 때는 두 번 다시 오지 않고 때를 놓치면 성사치 못하므로 속히 분기할 것을 호소하고 있다. 여기에는 김인종(金仁宗), 김숙경(金淑卿), 김오경(金五卿), 고순경(高順卿), 김숙원(金淑媛) 등의 서명을 수록하고 있다. |

| 연번 | 기록물명 | 수량 | 생산자 | 생산년도 | 규격 | 기록물 내용 |
|---|---|---|---|---|---|---|
| 14 | 3·1 독립선언서 | 1 | 최남선 | 1919 | 가로(45.8)<br>세로(24.3)<br>매수(1) | 3·1 독립운동 당시 국내외에 배포한 독립선언서로 최남선이 기초했다. 이 선언서에서는 민족자존의 정당한 권리와 인류 평등의 대의를 천명하고 있으며, 평화적인 시위운동을 벌일 것을 원칙으로 했다. |
| 계 | | 48점 | | | | |

# 2·8 독립선언서

## 01_미국 동포들의 독립운동에 자극받아

중국에서는 이미 대한독립선언서가 발표되었고, 그 직후인 1919년 2월 8일, 일본 도쿄에서 조선 유학생들의 독립선언이 이어져 3·1운동의 발단에 직접적인 영향을 끼치게 된다.

학생들이 작성했다는 점에서 특별한 의미를 갖는 2·8 독립선언서는 1919년 2월 8일, 일본 도쿄에 있는 조선YMCA회관에서 400여 명의 남녀 유학생들이 모인 가운데 백관수가 낭독했다.

2·8 독립선언서 역시 당시 독립운동가들의 생각을 지배하던 윌슨의 민족자결주의에 자극받은 바 크다. 하지만 국제사회에서 민족자결주의 원칙이 우리 민족한테는 적용되고 있지 않다는 것을 당시 독립운

동가들은 잘 알고 있었고, 특히 미국에서 독립운동을 하던 안창호는 이 점에 대해 단호한 입장을 취했다.

> 한갓 한인이 일본의 기반羈絆을 원치 아니하는 뜻이나 발표하여 이 후일에 다소간 찬조 자료가 될는지 하고 혹 한인의 공통한 기관의 명의로 교섭을 제출할지 모르나, 사실로는 오늘에 무슨 효과가 있으리라 하면 이는 어리석은 희망이라. 자기의 일을 자기가 스스로 아니하고 가만히 앉았다가 말 몇 마디나 글 몇 줄로써 독립을 찾겠다는 것이 어느 이치에 허락하리오.(안창호의 담화문 '전쟁 종결과 우리의 할 일' 중에서)

물론 일본 유학생들도 이 점을 잘 알고 있었다. 하지만 그렇다고 손 놓고 가만히 있을 수만은 없는 노릇이었다. 제1차 세계대전 종전과 함께 희미하게나마 식민지 약소국에 대한 보호 여론이 일고 있었기에 혹시나 하는 기대감을 완전히 버릴 수는 없었을 것이다.

이런 상황에서 일본 유학생들은 고베에서 영국인이 발행하는 〈재팬 애드버타이저The Japan Advertiser〉 1918년 12월 15일자에 실린 '한국, 독립 주장Korea, Agitate for Independence'이라는 제목의 기사를 접하게 된다. 이 기사는 "한국 재미동포들이 독립운동에 대한 미국의 원조를 요청하는 청원서를 미국정부에 제출했다"는 내용을 담고 있었다.

또 12월 18일자는 '약소민족들 발언권 인정 요구'라는 기사에 "뉴욕에서 열린 세계약소민족동맹회의 2차 연례총회에서 파리 강화회의 및 국제연맹에서 약소민족의 발언권을 인정해야 한다고 주장했다"고 보도했다. 또한 샌프란시스코에 사는 한인들이 독립운동 자금으로 30만 원을 모금했다는 기사도 있었다.

한편 이 무렵 미국에서는 '대한인국민회大韓人國民會, Korean National Association'가 독립운동을 활발하게 전개하고 있었다. 대한인국민회는 1910년 안창호 등이 결성한 독립운동단체이다. 대한인국민회는 1918년 12월 1일 전체 간부회의를 개최한다. 이 회의에서 워싱턴에 대표를 파견해 파리 평화회의에 '독립청원서'를 보낼 것을 결의하는 한편, 그 대표로 정한경鄭翰景, 이승만李承晩, 민찬호閔讚鎬 등 세 사람을 뽑았다. 이들은 파리 평화회의에 참석하기 위해 여권 수속을 시작했지만 일본의 방해로 발급받지 못해 결국 참석하지 못했다.

대신 12월 13일 뉴욕에서 열리는 세계약소국민족동맹회의 2차 연례총회에 신한협회新韓協會, New Korean Association를 대표해서 뉴욕의 김헌식金憲植과 시카고의 정한경, 캘리포니아의 민찬호 등 세 사람이 참석한다. 이 회의에서 한국 대표단은 참석자들과 파리 평화회의에서 민족자결주의 원칙에 따라 "모든 약소민족들은 독립시켜야 한다"는 결의를 하기도 했다.

아무튼 이런 상황에서 이 기사에 크게 고무된 유학생들은 해외 동포들이 독립운동에 적극 나서고 있는 점과 뭐라도 해야 하는 입장에서 파라강화회의가 우리의 독립을 청원할 절호의 기회라고 여겼다.

그래서 유학생들 간에는 뭔가 의미 있는 일을 해야 한다는 공감대가 형성되기 시작했다.

## 02_웅변대회를 가장해 의견 수렴

1918년이 저물어가는 12월, 도쿄 간다神田에 있는 조선YMCA회관에서는 29일에 유학생 학우회 송년회, 30일에 동서연합 웅변대회가 열렸다. 조선YMCA회관은 1906년에 창립된 재일한국YMCA의 건물로 당시로는 드물게 조선인이 소유하고 있었다. 이곳은 일본 유학생들이 수시로 드나들며 친목을 나누고 정보를 교환하는 사랑방 역할을 하였던 터라 자주 친목회와 웅변대회가 열렸다. 이날의 웅변대회도 이런 차원에서 마련된 것이었다.

그런데 이 자리에서 유학생들은 조국의 독립 문제를 놓고 치열한 논쟁을 벌였다. 앞에서도 언급했지만 조국의 독립을 위한 다양한 운동이 벌어지고 있고, 또 민족자결주의에 희망을 걸고 싶은 마음이 일어 참가자들은 이에 대한 다양한 의견을 쏟아냈다. 자연스럽게 독립운동을 해야 하는 당위성과 그 방법에 대해 의견을 나누는 기회였다.

그리고 이듬해인 1919년 1월 6일, 일본 유학생들은 조선YMCA회관에서 다시 웅변대회를 연다. 연말의 분위기를 이어가기 위해 의도적으로 만든 대회였다. 말이 웅변대회이지 사실상 독립에 대한 여망을 발표하는 자리나 다름없었다. 서춘을 비롯해 이종근·박정식·최근우 등이 교대로 연단에 올라, 해외 동포들이 열심히 독립운동을 전개하는 것처럼 도쿄 유학생들도 행동에 나서야 한다고 역설했다. 일본경찰의 감시가 심했지만 아랑곳하지 않고 다양한 의견이 분출되며 독립의 여망을 다졌다.

이날 대회에서는 김도연이나 최팔용 같은 일부 유학생들이 시기상조론을 내세워 불가를 주장하기도 했다. 실천방법을 두고 급진론과 신중론으로 나누어지기도 했다. 하지만 대다수 유학생들은 일본정부의 각 내각 대신과 각국 대사에게 독립을 청원하자는 쪽으로 의견이 모아지고 있었다. 그리고 이렇게 결의했다.

> "오늘의 정세는 우리 조선민족의 독립운동에 가장 적당한 시기이며, 해외의 동포들도 이미 실행운동에 착수하고 있으므로 우리도 마땅히 구체적 운동을 개시하여야 한다."

아울러 임시실행위원을 선출하여 일임하기로 했다. 상황이 이렇게 전개되자 이튿날인 7일 이 일을 맡아 진행할 임시대표 11명이 꾸려진다. 그리고 11명의 임시대표들은 '조선청년독립단朝鮮青年獨立團'을 결성하고 독립선언서를 발표하기로 결의한다. 서춘, 윤창석, 이종근, 최근우, 전영택, 김상덕, 백관수, 최팔용, 송계백, 김도연, 백남규 등이 그들이다(나중에 백남규와 전영택이 건강상의 이유로 빠지고 김철수와 이광수가 대신 들어간다).

이 무렵 상하이의 신한청년당에서 활동하는 인사들이 도쿄로 왔다. 그들은 유학생들에게 상하이의 독립운동 상황을 전해주면서 도쿄에서도 독립운동을 해야 한다고 역설했다.

정병준이 쓴 《몽양 여운형 평전》에 따르면 장덕수는 중국인 유 아무개로 위장하고 도쿄로 건너갔다. 그리고 유학생들과 접촉해 유학생들의 상황을 청취한 뒤 상하이로 보고했다. 또한 미국에서 유학하고 있던 여운형의 동생 여운홍도 여운형의 지시를 받고 일본으로 갔다. 그곳에서 최팔용을 만나 유학생들의 상황을 전해 듣는 한편 2·8 독립선언서가 낭독되는 장면을 직접 목격했다.

2·8 독립선언서를 집필한 이광수는 우리가 잘 알고 있는 《무정》, 《흙》을 쓴 소설가다. 일본에 유학하던 이광수는 1917년 《무정》을 〈매일신보〉에 연재하며 문명을 드날리던 인사였다. 이광수는 미국에서 발행되던 〈신한민보〉 주필로 초빙될 정도로 필력을 인정받았다. 당시 와세다대학 철학과에 다니던 이광수는 건강이 나빠 귀국한 바 있었다 (174쪽 '2·8 독립선언서 작성자 이광수는 누구인가' 참조).

그런데 이광수가 굳이 2·8 독립선언서를 집필한 것은 그의 글솜씨 때문이기도 했겠지만, 도쿄에서의 '자생적인 유학생 운동으로서 일관된 진행을 보여주기 위한 것'이었다.

또한 신용하 교수는 《신한청년당의 독립운동》에서 "상하이의 신한청년당은 도쿄 유학생들의 2·8 독립선언과 직결되어 있었다"고 평가했다.

이광수는 사흘 만에 독립선언서 집필을 끝냈다. 그리고 일문과 영문으로 번역했다. 이 선언서는 학생들의 단순한 낭독만으로 끝낼 것이 아니라 일본의 귀족원, 중의원의 의원들, 정부 요인들에게, 또 각국 주일 대사, 내외 언론기관으로 보내 우리의 뜻을 알리기 위함이었다.

2월 7일, 최팔용은 도쿄 시바구芝區 고야마정小山町에 있는 이토伊藤 인쇄소에서 일문으로 된 〈민족대회소집 청원서〉 1,000부를 인쇄했다. 그리고 국문·일문·영문 등으로 작성된 〈독립선언서 부附결의문〉은 그날 밤 김희술金熙述의 집에서 국문과 일문은 등사로 600부를 밀고, 영문은 타자를 쳤다.

## 03_ 일본 심장부에 울려 퍼진 독립선언서

1919년 2월 8일, 아침이 밝았다. 눈이 잘 오지 않는 도쿄에 제법 큰 눈이 내렸다. 30년 만의 폭설이라고 했다.

조선청년독립단은 10시경 밤새 준비한 청원서와 선언서를 우편으로 도쿄 주재 각국 대사관·공사관과 일본정부의 각 대신, 일본 귀족원, 중의원, 조선총독 및 각 신문사로 보내면서 만반의 준비를 마쳤다.

오후 2시, 조선기독교청년회관에는 긴장감이 감돌았다. 유학생들끼리 몰래몰래 통지문을 돌려 유학생 대회가 열린다고 알린 바 있었던 터여서 제법 많은 학생들이 참가했다. 600여 명을 훌쩍 넘은 인원이었다. 사전에 이상한 낌새를 눈치챘는지 경찰도 건물 주위에서 경계의 눈초리를 늦추지 않았다. 일촉즉발의 팽팽한 긴장감이 감돌았다.

사회자가 장내를 정리하는 음성이 울려 퍼지면서 긴장감이 더욱 고조되었다. 어느 정도 장내가 정리되자 최팔용이 마이크를 잡고 인사를 하고는 독립선언서 낭독식의 시작을 알렸다. 사회자의 진행발언이 이어진 뒤 백관수(훗날 동아일보 사장을 지냄)가 단상에 올랐다. 그의 손에는 '선언서宣言書'가 들려 있었다.

백관수는 청중들을 한 사람 한 사람 찬찬히 응시하며 호흡을 가다듬었다. 그는 벅찬 감격이 밀려오는 듯 심호흡을 크게 한 번 하고는 '선언서'라고 천천히 한 자 한 자 읽으며 입을 뗐다. 그러고 잠시 뜸을 들인 뒤 선언서를 낭독하기 시작했다.

> "전 조선청년독립단은 아我 이천만 조선민족을 대표하야 정의와 자유의 승리를 득한 세계만국의 전前에 독립을 기성期成하기를 선언하노라."

쥐죽은 듯 고요한 강당에 백관수의 결기 가득한 음성이 메아리치며 울려 퍼졌다. 듣고 있던 학생들도 저마다 눈으로 '선언서'를 읽으며, 조선의 독립을 반드시 쟁취하기 위해 청년 학생들이 앞장서야 한다는 결의를 다졌다.

2·8 독립선언을 발표한 조선청년독립단

백관수가 낭독을 마치자 유학생들은 두 손을 높이 쳐들며 "조선독립 만세!"를 외쳤다. 그리고 서로 얼싸안고 조국의 독립을 위해 몸과 마음을 다 바칠 것을 다짐했다.

애초 계획대로 선언식이 끝나자 학생들은 시가행진에 나섰다. 하지만 곧 경찰의 벽에 부딪쳤다. 그렇게 많지 않았던 일본경찰이 어느새 상당수로 늘어나 있었다.

일본경찰은 한국어로 진행되는 이 행사가 무슨 행사인지 제대로 알아듣지는 못했을 것이다. 그래도 분위기가 심상치 않다는 것쯤은 직감했을 것이다. 행사가 끝날 무렵엔 얼추 내용도 파악했으리라. 당연히 경찰이 시가행진을 허용할 리 만무였다.

유학생들은 시가행진을 실행에 옮기려다 실패한 채 아쉬움을 안고 귀가할 수밖에 없었다. 그리고 시가행진을 하려던 그때 주동자 30여 명이 이광수를 제외하고 모두 경찰에 연행된다. 그들은 출판법 위반으로 기소되어 징역형을 받고 옥살이를 해야 했다.

## 04_국내와 상하이에 전달되다

한편 2·8 독립선언서를 기초한 이광수는 1월 31일 고베에서 배를 타고 상하이로 빠져나갔다. 상하이에서 이광수는 영문으로 된 2·8 독립선언서를 파리 강화회의에 참석하고 있는 윌슨 미국 대통령과 클레망소 프랑스 총리, 로이드 조지 영국 총리에게 전문으로 보냈다.

또 그는 도쿄에서 공식적으로 독립선언서를 발표하는 2월 8일에 상하이의 유명 영자신문 〈차이나프레스China Presss〉와 〈노스차이나 데일리뉴스North China Daily News〉에 도쿄에서의 한국 유학생들의 독립운동을 기사화하려고 했다. 그러나 이 신문들은 현지 통신의 기사가 아니라 한국인의 전언이라는 이유로 거절했다. 하지만 2월 9일 〈노스차이나 데일리뉴스〉가 평론란에 '조선 청년의 야망Young Korean's Ambition'이라는 제목의 짧은 기사를 실었고, 10일 〈차이나프레스〉가 보다 상세한 내용을 담은 기사를 내보냈다. 이로써 상하이에서도 도쿄의 유학생들이 독립선언을 했다는 사실을 알게 되었다.

한편 국문으로 작성된 2·8 독립선언서는 송계백과 최근우가 국내로 갖고 들어와 중앙학교의 은사인 현상윤玄相允·송진우宋鎭禹·최남선崔南善·최린崔麟 등에게 전달했다. 이 선언서는 최남선이 3월 1일에 선언한 기미독립선언서를 작성하는 데 참고한 것으로 알려졌다. 송계백은 선언서를 헝겊에 써서 양복 속에 감쪽같이 기워 넣어(모자에 넣어 쓰고 들어왔다는 설도 있음) 일제의 감시를 피했다.

3월 1일, 국내에서 기미독립선언이 선포되고 만세시위가 전개되자 일본 유학생들은 조선독립단 동맹휴학촉진부를 결성해 동맹휴학운동을 전개하거나, 고국으로 돌아와 3·1 독립운동에 참여하기도 했다. 일제의 통계에 따르면 1919년 2월 8일부터 5월 15일까지 재일유학생 359명이 귀국했는데, 그 가운데 127명이 서울로 돌아왔다고 한다.

# 2·8 독립선언서의 내용

2·8 독립선언서 첫머리가 "전 조선청년독립단朝鮮青年獨立團은 아我 이천만 조선민족을 대표하야……"로 시작하는 것으로 보아 2·8 독립선언서는 '조선청년독립단'의 이름으로 발표됐다.

조선청년독립단은 독립선언서 발표를 위해 학생들로부터 준비를 위임받은 11명의 실행위원들이 결성한 단체다. 앞에서 얘기한 바 있듯, 도쿄 유학생들은 조선YMCA회관에서 웅변대회를 가장해 모임을 열고 독립선언서 발표를 추진할 11명의 임시실행위원을 뽑았다.

이에 혹자는 발표자 이름이 '조선청년독립단'이어서 도쿄 유학생들이 발표한 것이 아니라 조선청년독립단 회원 11명이 발표한 것으로 오해할 수도 있다. 하지만 그렇지는 않다. 이들은 다수 유학생들로부터

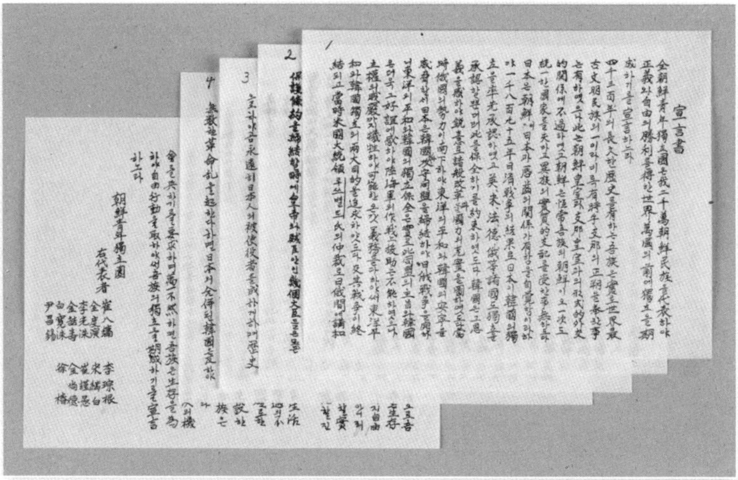

1919년 2월 8일 도쿄에서 유학생들이 주축이 되어 발표한 2·8 독립선언서

진행자로 위촉되어 서명했을 뿐이고, 조선청년독립단은 모든 도쿄 유학생들을 통칭하는 용어라고 해야 옳다.

또한 이 해석이 좁은 의미라는 반론도 제기될 수 있다. 첫 문장 "전 조선청년독립단은 아 이천만 조선민족을 대표하야……"에서 '이천만'이라고 명시하고 있기 때문이다. '이천만'이라 함은 도쿄 유학생들의 총칭을 넘어 우리 민족 전체를 의미하는 숫자이기 때문이다. 따라서 단체이름에 너무 지나치게 의미 부여를 할 필요는 없을 것 같다.

2·8 독립선언서는 후에 발표되는 기미독립선언서와 마찬가지로 독립을 선언하면서 시작한다. 다만 2·8 독립선언서는 "독립을 기성期成하기를 선언"한다며 기미독립선언서의 "조선의 독립국임과 조선인의

자주민임을 선언한다"고 한 것과 대조를 이룬다.

여기서 '기성期成'의 사전적 뜻은 "어떤 일을 꼭 기약하여 이룸"이다. 지금은 아니지만 언젠가는 이루겠다는 미래형을 담고 있다.

또한 학자들은 첫 구절을 두고 "독립을 꼭 이룰 것임을 '정의와 자유의 승리를 얻은 세계 각국' 앞에 선언하고 있다"는 것은 제1차 세계대전의 전승국인 미국을 염두에 둔 것이며, 결국 이 표현은 "민족자결주의에 근원을 두고 있다"고 보았다.

선언서는, 우리는 4,300년을 이어온 유구한 역사를 지닌 민족으로 중국과는 외교관계를 맺었을 뿐 "조선은 항상 조선"으로 이민족의 지배를 받은 적이 단 한 번도 없다고 강조한다. 그러면서 청일전쟁의 결과로 일본은 물론이거니와 영국, 미국 등 여러 나라가 이미 독립을 승인했다고 했다. 그리고 일본의 한국 강점 과정을 소상히 설명한다.

한국에 저지른 일본의 행위는 "사기와 폭력에서 나온 것"으로 인류 역사에서 크게 다룰 "대치욕의 일"이라고 했다. 그래서 우리 민족은 떨쳐 일어났지만 일본의 무기에 희생된 자의 수를 헤아릴 수 없을뿐더러, 일제의 폭압에도 독립운동을 멈춘 적이 없었던 점으로 보건대 한일합병은 조선민족이 원한 바가 아니라고 강조했다.

당시를 제국주의의 소멸 시기라고 말하면서 "한국 합병의 이유가 소멸"되었고, 나아가 "조선 민족에 무수한 혁명란亂을 기起한다면 일본에게 합병된 한국은 반反하여, 동양평화를 교란할 화원禍源"이 된다고 했다.

또한 경술늑약 이후 일본의 조선 통치를 보면, 합병할 때의 선언과 달리 우리 민족의 행복과 이익을 무시하고 정복자가 피정복자에게 비인간적인 정책을 폈다고 했다. 이어 일본이 한국의 수많은 재산과 문물을 수탈했던 일을 상기시키면서 일본은 동양평화를 저해하는 근원이므로 최후의 일인까지 자유를 위한 피를 흘려야 한다고 결의를 다진다. 그 부분을 읽어보자.

> 오족吾族은 정당한 방법으로 오족의 자유를 추구할지나 만일 차此로써 성공치 못하면 오족은 생존의 권리를 위하야 온갓 자유행동을 취하야 최후의 일인까지 자유를 위하는 열혈을 천濺할지니 엇지 동양평화의 화원禍源이 아니리오. 오족은 일병一兵이 무無호라. 오족은 병력으로써 일본을 저항할 실력이 무호라. 연然하나 일본이 만일 오족의 정당한 요구에 불응할진대 오족은 일본에 대하야 영원의 혈전을 선宣하리라.

2·8 독립선언서는 또 일본이나 세계 각국은 우리 민족에게 민족자결의 기회를 주되, 만일 그렇지 아니하면 우리 민족은 생존을 위해 자유행동을 취하여서 우리 민족의 독립이 꼭 이루어지기를 선언한다.

> 자玆에 오족은 일본이나 혹은 세계 각국이 오족에게 민족자결의 기회를 여與하기를 요구하며 만일 불연不然하면 오족은 생존을 위하야

자유행동을 취하야써 오족의 독립을 기성하기를 선언하노라.

이 선언문을 읽은 감상은 청년의 기개가 그대로 묻어묻어난다. 또한 당시 정보 소통이 매우 빠르던 도쿄에서 보고 들은 내용을 그대로 반영하여 일본으로 하여금 변명의 여지가 없도록 하려는 노력이 돋보인다. 당시 국제정세는 군국주의가 사라지고 있다는 현실감각에 기인하여 일본의 시대착오적인 식민 지배에 대해 경고를 날린 것이다.

2·8 독립선언서는 뒤에 결의문을 싣고 있는 것이 눈길을 끈다. 결의문은 모두 4개항으로 되어 있는데, 앞에서 주장한 내용을 일목요연하게 요약한 다음, 앞으로 어떻게 할 것인지에 대한 결의를 다지는 내용을 담고 있다.

단 여기서 주목해야 할 점은 본문에서 나왔듯, 독립을 쟁취하기 위해 유혈투쟁도 불사하겠다는 강한 의지의 표명이다. 비폭력투쟁을 강조한 기미독립선언서의 정신과는 궤를 달리한다.

한편 2·8 독립선언서가 무엇보다 중요한 점은 곧이어 선언되는 기미독립선언서에 적잖은 영향을 주었다는 것이다. 최남

**■ 2·8 독립선언서**

- 1919년 2월 8일 일본 도쿄에서 발표
- 이광수가 기초
- 조선청년독립단(재일 유학생 단체) 주도
- 한일합병 무효 선언
- 민족자결에 의한 자유, 독립 요구
- 민족생존권 위해 일본과 영원한 혈전
- 국내 및 상하이에 전달
- 기미독립선언서 발표에 영향

선이 기미독립선언서를 기초할 때 2·8 독립선언서를 참조했다는 것은 잘 알려진 사실이다.

특히 이후 발표되는 거의 모든 독립선언서에 등장하는 "최후의 일인까지, 최후의 일각까지"라는 표현은 바로 2·8 독립선언서의 "만일 이로써 성공하지 못하면 온갖 자유행동을 취하여 최후의 일인까지 열혈을 흘릴 것이며, 영원한 혈전을 불사한다"는 부분을 차용한 것이라는 사실에 주목할 필요가 있다.

또한 기미독립선언서가 2·8 독립선언서의 '결의문' 4개항을 본떠 '공약삼장'을 싣고 있는 점에서도 역시 두 독립선언서 간에 중요한 정신적 공유가 이루어지고 있음을 알 수 있다.

# 2·8 독립선언서 전문

전조선청년독립단全朝鮮靑年獨立團은 아我 이천만 조선민족을 대표하야 정의와 자유의 승리를 득한 세계만국의 전前에 독립을 기성期成하기를 선언하노라.

사천삼백 년의 장구한 역사를 유有한 오족吾族은 실로 세계 최고 문명민족의 일一이라 비록 유시호有時乎 지나支那의 정삭正朔을 봉奉한 사事는 유有하엿으나 차此는 조선황실과 지나황실과의 형식적 외교관계에 불과하엿고 조선은 항상 오족의 조선이오 일차도 통일한 국가를 실失하고 이족異族의 실질적 지배를 수受한 사事 무無하도다.

일본은 조선이 일본과 순치脣齒의 관계가 유함을 자각함이라 하야 일천팔백구십오년 일청전쟁의 결과로 일본이 한국의 독립을 솔선승인하엿고 영·미·법·덕·아英·米·法·德·俄 등 제국도 독립을 승인할 뿐더러 차此를 보전하기를 약속하엿도다. 한국은 그 은의恩義를 감感하야 예의銳意로 제반 개혁과 국력의 충실을 도圖하엿도다. 당시 아국俄國의 세력이 남하하야 동양의 평화와 한국의 안녕을 위협할새 일본은 한국과 공수攻守동맹을 체결하야 일아전쟁日俄戰爭을 개開하니 동양의 평화와 한국의 독립보전은 실로 차동맹의 주지主旨와 한국은 더욱 그 호의好誼에 감感하여 육해군의 작전상 원조는 불능하엿으나 주권의 위엄까지 희생하야 가능한 온갓 의무를 다하야써 동양평화와 한국 독립의 양대 목적을 추구하얏도다.

급기及其 전쟁이 종결되고 당시 미국 대통령 루쓰벨트 씨의 중재로 일아간日俄間에 강화회의 개설될 새 일본은 동맹국인 한국의 참가를 불허하고 일아 양국 대표자 간에 임의로 일본의 한국에 대한 종주권을 의정議定하엿으며 일본은 우월한 병력을 지持하고 한국의 독립을 보전한다는 구약舊約을 위반하야 암약暗弱한 당시 한국 황제와 그 정부를 위협하고 기망欺罔하야 '국력의 충실함이 족히 독립을 득할 만한 시기까지'라는 조건으로 한국의 외교권을 탈하야 차를 일본의 보호국을 작作하야 한국으로 하야곰 직접으로 세계열국과 교섭할 도를 단斷하고 인因하야 '상당한 시기까지'라는 조건으로 사법, 경찰권을 탈하고 경更히 '징병령 실시까지'라는 조건으로 군대를 해산하며 민간의 무기를 압수하고 일본군대와 헌병경찰을 각지에 편치遍置하며 심지甚至에 황궁의 경비까지 일본경찰을 사용하고 여차如此히 하야 한국으로 하여곰 전혀 무저항자를 작한 후에 다소 명철明哲의 칭稱이 유有한 한국 황제를 방축放逐하고 황태자를 옹립하고 일본의 주구로 소위 합병내각을 조직하야 비밀과 무력 이裏에서 합병조약을 체결하니 자에 오족은 건국 이래 반만년에 자기를 지도하고 원조하노라 하는 우방의 군국적 야심에 희생되엿도다.

실로 일본은 한국에 대한 행위는 사기와 폭력에서 출出한 것이니 실상 여차히 위대한 사기의 성공은 세계흥망사상에 특필할 인류의 대욕치욕이라 하노라.

보호조약을 체결할 시에 황제와 적신賊臣 안인 기개幾個 대신들은 모든 반항수단을 다하얏고 발표 후에도 전국민은 적수赤手로 가능한 온갖 반항을 다하얏으며 사법, 경찰권의 피탈과 군대해산시에도 연然하얏고 합병시를 당하야는 수중에 촌철寸鐵이 무無함을 불구하고 가능한 온갖 반항운동을 다하다가 정예한 일본 무기에 희생이 된 자 부지기수며 이래 십 년간 독립을 회복하랴는 운동으로 희생된 자 수십 만이며 참혹한 헌병정치하에 수족과 구설의 탑제搭制를 수受하면서도 증曾히 독립운동이 절絶한 적이 업나니 차로 관觀하여도 일한합병이 조선민족의 의사가 아님을 가지可知할지라. 여차히 오족은 일본 군국주의적 야심의 사기폭력하에 오족의 의사에 반하는 운명을 당하얏으니 정의로 세계를 개조하는 차시此時에 당연히 광정匡正을 세계에 구할 권리가 유하며 또 세계 개조에 주인되는 미米와 영英은 보호와 합병을 솔선승인한 이유로 차시에 과거의 구악을 속贖할 의무가 유하다 하노라.

또 합병 이래 일본의 조선통치 정책을 보건대 합병 시의 선언에 반하야 오족의 행복과 이익을 무시하고 정복자가 피정복자에게 대하는 고대의 비인도적 정책을 응용하야 오족에게는 대소정권大小政權, 집회결사의 자유, 언론출판의 자유를 불허하며 심지甚至에 신교信敎의 자유, 기업의 자유까지도 부소不少히 구속하며 행정·사법·경찰 등 제기관이 조선민족의 인권을 침해하며 공리公利에 오족과 일본인 간에 우열의 차별을 설設하며 일본인에 비하야 열등한 교육을 시施하야써 오족으로 하야곰 영원히 일본인의 피사역자被使役者를 성成하게 하며 역사를 개조하여 오족의 신성한 역사적·민족적 전통과 위엄을 파괴하고 능모凌侮하며 소수의 관리를 제한 외에 정부의 제기관과 교통·통신·병비 제기관에 전부 혹은 대부분 일본인만 사용하야 오족으로 하여곰 영원히 국가생활의 지능과 경험을 득할 기회를 부득케 하니 오족은 결코 여차한 무단전제 부정 불평등한 정치하에서 생존과 발전을 향수享受키 불능한지라. 그뿐더러 원래 인구 과잉한 조선에 무제한으로 이민을 장려하고 보조補助하야 토착한 오족은 해외에 유리함을 불면不免하여 국가의 제기관은 물론이오 사설의 제기관에까지 일본인을 사용하여 일변一邊 조선인으로 직업을 실失케 하며 일변 조선인의 부를 일본으로 유출케 하고 상공업에 일본인에게는 특수한 편익을 여與하야 조선인으로 하야곰 산업적 발흥의 기회를 실케 하도다. 여차히 하방면何方面으로 관觀하야도 오족과 일본인과의 이해는 상호배치하야 그 해害를 수受하는 자는 오족이니 오족은 생존의 권리를 위하야 독립을 주장하노라.

최후에 동양평화의 견지로 보건대 그 위협자이던 아국俄國은 이의 군국주의적 야심을 포기하고 정의와 자유와 박애를 기초로 한 신국가를 건설하랴고 하는 중이며 중화민국도 역연亦然하며 겸하야 차차 국제연맹이 실현되면 다시 군국주의적 침략을 감행할 강국이 무無할 것이라. 그러할진대 한국을 합병한 최대 이유가 이미 소멸되얏을 뿐더러 종차從此로 조선민족이 무수한 혁명란亂을 기起한다 하면 일본의 합병된 한국은 반反하야 동양평화를 교란할 화원禍源이 될지라. 오족은 정당한 방법으로 오족의 자유를 추구할지나 만일 차로써 성공치 못하면 오족은 생존의 권리를 위하야 온갓 자유행동을 취하야 최후의 일인까지 자유를 위하는 열혈熱血을 천濺할지니 엇지 동양평화의 화원이 아니리오. 오족은 일병一兵이 무無호라. 오족은 병력으로써 일본을 저항할 실력이 무호라. 연然하나 일본이 만일 오족의 정당한 요구에 불응할진대 오족은 일본에 대하야 영원의 혈전을 선宣하리라.

오족은 구원久遠히 고등한 문화를 유하얏고 반만년간 국가생활의 경험을 유한 자라. 비록 다년 전제정치의 해독과 경우의 불행이 오족의 금일을 치致하얏다 하더라도 정의와 자유를 기초로 한 민주주의의 상上에 선진국의 범範을 수隨하야 신국가를 건설한 후에는 건국 이래 문화와 정의와 평화를 애호하는 오족은 반다시 세계의 평화와 인류의 문화에 공헌함이 유할지라.

자玆에 오족은 일본이나 혹은 세계 각국이 오족에게 민족자결의 기회를 여與하기를 요구하며 만일 불연不然하면 오족은 생존을 위하야 자유행동을 취하야써 오족의 독립을 기성하기를 선언하노라.

조선청년독립단 우右 대표자

최팔용, 이종근, 김도연, 송계백, 이광수, 최근우,

김철수, 김상덕, 백관수, 서춘, 윤창석

## 결의문

1. 본단本團은 일한합병이 오족의 자유의사에 출出하지 아니하고 오족의 생존과 발전을 위협하고 또 동양의 평화를 교란하는 원인이 된다는 이유로 독립을 주장함.
2. 본단은 일본의회 및 정부에 조선민족대회를 소집하야 대회의 결의로 오족의 운명을 결決할 기회를 여與하기를 요구함.
3. 본단은 만국강화회의에 민족자결주의를 오족에게도 적용하게 하기를 청구함. 우右 목적을 전달하기 위하야 일본에 주재한 각국 대공사에게 본단의 주의主義를 각기 정부에 전달하기를 의뢰하고 동시에 위원 이인을 만국강화회의에 파견함. 우右 위원은 기旣히 파견한 오족의 위원과 일치행동을 취함.
4. 전항의 요구가 실패될 시는 오족은 일본에 대하여 영원의 혈전을 선함. 차로써 생하는 참화는 오족이 그 책責에 임任치 아니함.

# 2·8 독립선언서 작성자 이광수는 누구인가

1919년 당시의 이광수

베이징에서 서울을 거쳐 도쿄로 건너가 2·8 독립선언서를 작성한 이광수李光洙(호는 춘원春園, 1892~1950)는 소설가이자 언론인이었다. 평안북도 정주에서 태어나 다섯 살에 한글과 《천자문》을 뗀 천재였다고 한다. 시인 백석과 김소월이 그의 몇 안 되는 친구이다.

천도교에 입교해 서기 일을 맡았던 그는 이승훈, 안창호, 유길준 등의 강연을 듣고 크게 감화한다.

1905년 일진회 유학생으로 선발되어 일본으로 건너가 문일평·홍명희 등과 사귀었고, 근대화의 아버지 후쿠자와 유키치福澤諭吉를 흠모해 '한국의 후쿠자와'를 꿈꿨다.

귀국하여 오산학교에서 교사로 있던 그는 '105인 사건'으로 이승훈이 구속되자 교감이 되었다가, 1916년에 다시 일본 유학을 떠나 와세다대학 철학과에 들어간다. 그리고 이듬해 그의 출세작 《무정》을 〈매일신보〉에 연재한다.

1917년에 폐질환 악화로 휴학하고 귀국해 일본에서 만난 허영숙의 극진한 간호로 건강을 되찾았다. 그러고 이듬해 10월 허영숙과 함께 베이징으로 애정 도피를 떠나기도 한다.

1919년 도쿄로 간 이광수는 도쿄 유학생들의 요청으로 2·8 독립선언서를 기초했다. 하지만 이광수는 1922년 그 유명한 〈민족개조론〉을 발표하고 변절의 길을 걷는다.

1940년에는 가야마 미쓰로香山光郎로 이름을 바꾸고 "나는 천황의 신민이다. 내 자손도 천황의 신민으로 살 것이다"며 기염을 토하기도 했다. 하지만 "일본이 이리 빨리 패망할 줄 몰랐다"고 말했던 이광수는 해방 후 반민특위의 조사를 받는다. 한국전쟁 때 납북되어 1950년 10월 25일 지병인 폐결핵으로 사망했다.

# 기미독립선언서

## 01_천도교 측 독립운동 추진

국내에서 독립선언에 대한 필요성이 본격적으로 제기된 것은 해외에서 독립선언이 진행되는 상황과 맞물려 있었다. 특히 중국에서의 '대한독립선언'과 일본 유학생들의 '2·8 독립선언'이 결정적 도화선이 되었다고 해도 틀린 말이 아니다. 두 가지 선언문의 내용은 앞에서 이미 자세하게 살펴보았다.

당시 국내에서는 독립운동을 본격적으로 전개하기 위한 다양한 흐름이 있었다. 특히 천교도와 기독교, 불교 등 종교계 인사들이 적극적이었다.

천도교의 경우 1916년경부터 교주 손병희에게 신도들을 동원해 독립만세시위운동을 전개하자는 제의가 있었다. 1917년 겨울에는 천도교도 김시학金時學이 당시 제1차 세계대전의 승전국이 될 것으로 보이던 독일에 독립청원서를 보내자는 제의를 한다. 김시학은 천도교를 비롯해 기독교와 유림의 3종단을 연합하는 한편, 사회 각계각층의 인사들과 구 관료 등 저명인사들을 망라해 1만 명이 서명한 독립청원서를 제출하고 독립운동을 하자고 주장했다. 이에 대해 손병희도 승낙해 급진전을 보인 바 있다. 이 계획은 독일이 패전국이 되고 오히려 일본이 승전국이 되어 더 이상 진전을 보지 못했다. 국제정세를 잘못 읽은 탓이었다.

하지만 그렇다고 그냥 손 놓고 있을 수만은 없었다. 상황이 정반대로 전개되었다면 거기에 맞춰 다시 전열을 가다듬을 필요가 있고, 또 파리 강화회의가 어쩌면 우리에게 기회가 될 수도 있다는 희망적 전망도 생겼다. 그리하여 천도교 측은 이 불씨를 살리기 위해 1919년 1월 20일경 회합을 갖고 독립운동을 본격적으로 전개하기로 결의한다.

이후 수차례 의견을 교환하면서 천도교 측은 독립운동의 방법론 세 가지 원칙을 정한다.

첫째, 독립운동을 대중화해야 할 것.

둘째, 독립운동을 일원화해야 할 것.

셋째, 독립운동을 비폭력으로 할 것.

이 원칙은 후에 일어나는 3·1 독립운동의 실질적 이념이 된다.

**■ 천도교 독립운동의 3가지 원칙**

- 대중화
- 일원화
- 비폭력

## 02_기독교 측 독립운동 추진

이 무렵 중국 상하이의 신한청년당은 장덕수 등을 도쿄에 파견해서 독립운동을 독려했고, 국내에도 수차례 동지들을 파견했다.

우선 일차로 선우혁鮮于爀과 김철金澈을 국내에 파견했다. 1919년 2월 초 평안북도 선천으로 들어온 선우혁은 신민회新民會 인사들을 만나 독립운동의 방략에 대해 협의했다. 또 서북지방의 기독교 장로교파 인사인 양전백梁甸伯과 이승훈李昇薰을 각각 만나 상하이에서의 움직임을 전하며, 국내에서도 독립운동을 전개해줄 것을 당부했다. 이어 기독교계 원로인 길선주吉善宙를 비롯해 신민회 동지 여러 명을 만나 국내 독립운동의 필요성을 역설하며 행동해줄 것을 요청했다. 선우혁이 만난 모든 인사들은 적극적인 찬성 의사를 나타냈다.

선우혁은 흡족한 결과를 안고 상하이로 돌아갔고, 서북지방의 기독교계는 분주하게 움직이기 시작했다. 교회와 학생들을 모아 독립만세시위운동을 감행하기로 했던 것이다. 그러던 차에 서울의 천도교 측으로부터 함께하자는 제의를 받고 애초의 계획을 바꿔 연합전선을 펴기로 한다.

한편 서울로 들어온 신한청년당 김철은 천도교 측 인사들과 접촉해서 천도교 측에서 독립운동자금을 지원하겠다는 약속을 받아냈다. 신한청년당의 서병호와 김순애는 대구에서, 백남규는 호남에서 애국지사를 만나 독립운동을 전개할 것을 합의하고 상하이로 돌아갔다.

이 무렵 학생들도 독립선언에 대한 의견을 나누고 있었다. YMCA 총무였던 박희도朴熙道는 청년부 회원인 연희전문학교의 김원벽金元璧을 통해 1월 27일 청년부 회원을 모집한다는 명분으로 서울 시내 주요 학교의 학생과 졸업생들(보성전문학교 강기덕, 경성의학전문학교 한위건·김형기, 경성공업전문학교 주종의, 경성전수학교 이공후, 연희전문학교 윤화정, 보성전문학교 졸업생 주익 등)을 모아서 독립선언에 대한 의견을 교환한다.

학생들은 또한 2월 12일과 14일 두 번에 걸쳐 음악회를 연다는 명목으로 세브란스 의학전문학교 구내 숙소에서 모임을 가졌다. 이때 참여한 사람은 김원벽, 김형기, 윤자영(경성전수학교), 김문진(세브란스의학전문학교), 배동석(세브란스의학전문학교) 등이다.

한편 송계백이 1월 초 국내에 잠입하여 일본 도쿄에서 2월 8일에 독립선언을 한다는 소식과 함께 국내에 독립선언서를 품고 들어와 선배이자 모교인 중앙학교 교사 현상윤玄相允을 찾아가 만난다.

## 03_ 연합 흐름 생겨나

각개약진으로 해외에서 또 국내에서 각 진영별로 논의되던 독립선언에 대한 열망은 1919년 2월 들어 하나의 흐름으로 연합하려는 움직임이 활발해졌다.

우선 도쿄에서 귀국한 송계백을 만난 현상윤은 중앙학교 교장인 송진우와 그의 친구인 최남선에게 송계백을 데려가 '2·8 독립선언'를 보여주고 도쿄 유학생들의 계획을 설명하게 한다. 또한 은사인 보성학교 교장 최린에게도 송계백을 데려간다. '2·8 독립선언서'를 본 이들은 흥분을 감추지 못했다. 그러고 지금까지 의견 개진 수준에 머물러 있던 독립선언을 본격적으로 추진하겠다고 맘먹는다.

특히 최린이 권동진, 오세창 등 천도교 간부들에게 도쿄 유학생들의 '2·8 독립선언서'를 보였는데, 이들 역시 하나같이 국내에서 독립선언은 물론이거니와 독립운동을 본격적으로 전개하자는 데 의견을 같이했다.

이에 최린, 권동진, 오세창 등은 힘을 모으려면 천도교의 범교단 차원에서 진행해야 한다는 생각에서 1월 20일경 손병희 교주를 찾아간다. 손병희 교주 역시 오랫동안 꼭 해야 할 숙제처럼 안고 있던 독립선언을 실행에 옮길 좋은 기회라고 생각해 흔쾌히 이들의 제안을 받아들인다. 그러면서 '2·8 독립선언서'를 본 소감을 이렇게 피력했다.

"젊은 학생들이 이같이 의거를 감행하려는 이때에 우리 선배들로서는 좌시할 수 없다."

그리고 앞에서 살펴본 바와 같이 1월 20일경 회합을 갖고 천도교 독립운동의 3가지 원칙(대중화, 일원화, 비폭력)을 정했다. 천도교 측은 최린을 비롯해 최남선, 현상윤, 송진우 등이 중심이 되어 본격적인 실행방안에 대해 논의하고, 대책을 강구하기 시작한다.

우선 독립을 선언함에 있어서 대표성과 대중성, 또 중량감을 높이기 위해 대한제국에서 고위 관료를 지내고 또 국민들에게 이름이 널리 알려진 명망가들을 두루 섭외하고자 했다. 이에 학무대신을 지낸 온건개화파 김윤식金允植과 이조판서를 지낸 윤용구尹用求, 일제의 남작 작위를 거절한 한규설韓圭卨, 개화사상가이자 갑신정변의 주역이고 고종의 부마인 박영효朴泳孝, '105인 사건'으로 복역한 바 있는 윤치호尹致昊 등과 접촉했다. 그러나 한규설만 긍정적인 반응을 보였을 뿐 나머지는 모두 난색을 표했다.

또한 손병희는 고종의 국장 준비에 여념이 없던 때 매국노 이완용을 역이용하겠다는 생각에서 많은 반대에도 불구하고 그를 찾아가 역사에 지은 죄를 씻을 기회라며 함께할 것을 요청한다. "매국적이라는 소리를 듣는 이완용까지 독립을 원한다면 온 민족이 다 독립을 원하는 것 아니겠는가"라는 것이 그의 논리였다.

이에 대해 이완용은 다음과 같은 말로 거절의사를 나타냈다고 한다.《의암 손병희 선생 전기》에 나오는 해당 구절을 인용한다.

"나는 이천만 동포에게 매국적이라는 이름을 들은 지 이미 오래니 새삼스럽게 그런 운동에 가담할 수 없소이다. 이번 운동이 성공하여 독립이 되면 나를 죽일 사람은 서울서도 먼 다른 사람들을 기다릴 것 없이 우리 동네 이웃 사람들에게 맞아 죽을 것이외다. 손 선생의 이번 운동이 성공하여 내가 그렇게 맞아 죽게 된다면 다행한 일이올시다."

이완용에게서 거절당한 손병희는 이완용이 혹시 이 사실을 일본 총독부에 밀고하지는 않을까 적잖이 걱정했다고 한다. 그러나 그런 일은 일어나지 않았다.

아무튼 천도교 측이 범민족적으로 진행하려던 거사 계획은 이렇게 초반부터 어긋나기 시작했다. 이에 실망한 일부 사람들이 독립선언 계획을 아예 포기하자고 할 만큼 추진 인사들은 실망감이 컸다. 하지만 구한말의 명망가들은 나름 큰일을 한 유명인사였을지 몰라도 이 때에는 소위 한물간 뒷방 늙은이 신세라는 점에 위안을 삼았다. 당시 상황을 최린은 자신의 저서에서 이렇게 밝힌 바 있다.

"그 사람들은 이미 노후한 인물들이다. 독립운동은 민족적 제전이다. 신성한 제수에는 늙은 소보다 어린 양이 좋다. 차라리 깨끗한 우리가 제물이 되면 어떠냐."

이에 천도교 측은 명망가보다는 실질적으로 일을 추진하는 데 힘을 보탤 수 있는 젊은 층 인사들을 중심으로 범민족적 참여를 위한 작업을 계속했다. 그러면서 천도교 측은 서로 힘을 합치기로 의견을 나눈 바 있는 기독교 측에 연합 협상을 적극 제의한다.

최남선은 최린에게 정주의 오산학교 교장 이승훈을 만나보라고 권유한다. 최린이 동의하자 최남선은 이승훈에게 기별을 넣어 서울에서 한번 만나자고 했다. 최남선의 기별을 받은 이승훈은 2월 11일 서울로 올라온다.

이승훈은 운신의 폭이 좁았다. 알다시피 '105인 사건'으로 5년의 옥고를 치른 전력 때문에 일제의 요시찰 대상이었기 때문이다. 그리하여 최남선은 일제의 감시를 피하기 위해 자신이 직접 이승훈을 만나지 않고 송진우로 하여금 만나게 하는 전략을 쓴다. 송진우로부터 천도교 측의 거사 계획을 상세히 설명 듣는 한편 함께 힘을 규합하자는 제안을 받자 이승훈은 그 자리에서 흔쾌히 승낙한다. 상하이의 신한청년당 당원인 선우혁으로부터 해외에서의 독립운동과 관련한 내용을 이미 들은 적이 있던 터여서 머뭇거릴 이유가 없었다.

이리하여 천도교와 기독교는 함께 거사를 치르기로 합의하고 준비에 들어간다.

## 04_기독교 단독 추진

2월 12일 이승훈은 곧바로 선천에 있던 장로교 목사 양전백을 찾아가 서울에서 천도교 측과 함께 독립선언을 하기로 합의했다는 사실을 전하고 동의를 구했다. 이에 양전백은 참가하겠다고 동의했다.

또한 이승훈은 2월 14일 평양으로 가서 병원에 입원한다. 일제의 감시에 혼선을 주려는 의도였다. 그러자 많은 사람들이 문병을 왔는데, 이 자리에서 이승훈은 장로교 길선주吉善宙와 감리교 신홍식申洪植 목사에게 천도교와 함께 거사를 하기로 했다는 합의사항을 설명하고 동의를 얻는다.

이에 추진 동력을 확보한 이승훈은 신홍식과 함께 2월 16일 다시 서울로 올라온다. 이승훈이 굳이 신홍식과 함께 서울로 온 것은 서울이 기독교 감리교의 세가 크다는 것을 감안한 때문이었다. 평양의 장로교와 서울의 감리교가 연합하여 실질적인 기독교 세력을 만들고 이미 합의한 천도교와도 연합한다면 어떤 일이든 추진할 수 있는 힘이 생길 것이었다.

서울에 잠입한 이승훈은 은신처를 구한 다음 송진우에게 은밀히 기별을 넣었다. 그러나 송진우의 태도가 애매모호했다. 송진우가 이런 태도를 보인 것은 구한말 관료들을 접촉했다가 거절당했던 경험이 있어서였다. 이승훈과의 만남 역시 그다지 감흥을 느낄 수가 없었던 것이다.

실망감이 컸던 이승훈은 최남선을 만날 방법 또한 마땅치 않아서 이래저래 고민이 깊어만 갔다. 그러자 함께 온 신홍식이 YMCA 간사인 박희도를 만나보면 어떻겠느냐고 제안해 그러자고 했다. 이에 박희도가 이승훈의 은신처에서 이승훈과 마주했다.

박희도는 서울에서의 움직임에 대해 설명하는 한편, 천도교 측이 미온적이라면 기독교 단독으로라도 독립선언을 추진할 것을 제안했다. 그리하여 기독교 측은 천도교와의 연합 추진을 중단하고 단독으로 진행하기로 한다. 그리하여 2월 20일 밤 박희도의 집에서 이승훈을 비롯해 남감리교파 목사 오화영吳華英·정춘수鄭春洙, 북감리교파 목사 오기선吳基善·신홍식 등이 모여 독립선언의 방향에 대해 다음과 같이 합의한다.

첫째, 천도교와 연합을 단념하고 기독교 단독의 독립운동을 추진할 것.

둘째, 독립운동의 방법은 독립청원서를 제출하는 방법으로 할 것.

셋째, 독립청원서에 서명할 기독교 동지들을 서울과 지방에서 광범위하게 모집할 것.

넷째, 기독교 동지들의 모집은 연고에 따라 각 지역별로 분담할 것(우선 정춘수는 원산 방면을 담당할 것).

한편 같은 날 기독교 장로교파도 부산하게 움직였다. 함태영의 집에 세브란스 병원 사무원 이갑성李甲成과 평양 기독교서원 총무 안세환安世桓, 장로교파 조사 오상근吳尙根, 장로교파 목사 현순玄楯 등이 모였다. 이들도 감리교파처럼 기독교 단독으로 독립운동을 하자고 뜻을 모았다.

이튿날인 2월 21일 아침, 날이 밝자 이승훈은 함태영을 찾아가 만난다. 이승훈은 전날 밤 박희도의 집에서 감리교파 인사들이 만나 기독교 단독으로 독립운동을 하기로 의견을 모았다고 전했다. 또한 함태영도 장로교파 인사들이 자신의 집에 모여 같은 결정을 했음을 털어놓았다. 감리교파와 장로교파의 의견이 자연스럽게 일치하자 더 이상 머뭇거릴 것 없이 이들은 교파들 간의 의견을 하나로 모으면서 기독교 단독의 독립운동을 하기로 결정하기에 이른다.

## 05_다시 연합하기로 논의

한편 이날 천도교 측의 고민도 깊었다. 천도교 측이 기독교 측의 단독 거사에 대한 정보를 알고 행동에 나선 것인지는 알 수 없지만, 21일 오후 최남선이 이승훈의 은신처를 전격 방문한다.

그동안 최남선은 일제의 삼엄한 감시를 핑계로 이승훈을 직접 만나지 않았다. 최남선은 이승훈에게 그동안 만나지 못한 점에 대해 설명과 사과를 하고 천도교와 다시 연합을 시도해야 하는 것 아니냐고 말했다. 그러면서 이승훈더러 최린을 한번 만나보는 게 어떻겠느냐고 물었다. 이승훈은 그렇게 해보자며 최남선을 따라나섰다. 두 사람은 곧바로 최린의 집으로 찾아갔다.

최린과 마주한 이승훈은 전날 밤에 있었던 기독교 측 인사들의 회합 사실과 합의한 내용을 소상히 설명했다. 그러자 최린은 당황한 기색이 역력했다. 사실 천도교 측은 그동안 최남선을 내세워 기독교 측과 연합전선을 논의해왔지만 별 진전이 없었는데, 기독교 측에서 자신들 단독으로 추진하겠다며 상당한 진전을 이루어놓은 상황이었기 때문이리라. 아울러 최남선도 자신이 이 일을 소홀히 해왔다는 자책감이 들었다.

최린은 독립운동이 한 개인이나 한 정파의 일이 아니라 민족 전체의 일이 되어야 한다는 생각에서 종교든 정파든 모든 것을 떠나 함께 해야 한다는 대의명분을 역설하는 한편, 지금이라도 함께하도록 노력해야 함을 강조했다. 죄책감을 갖고 있던 최남선도 함께해야 한다고 거들었다. 이승훈 역시 함께하는 것에 대해 마다할 이유가 없으므로 그 자리에서 흔쾌히 의견을 같이했다. 그러나 이승훈은 전날 밤 기독교 인사들이 합의했던 바가 있으므로 단독으로 수락을 결정할 수는 없었다. 하는 수 없이 그는 양해를 구하고 동지들의 의견을 모은 다음 그 결과를 알려주겠다고 하면서 한 가지 부탁을 했다.

이승훈의 부탁은 다름 아닌 자금 문제였다. 큰일을 치르려면 응당 막대한 자금이 필요하기 마련이다. 하지만 당시 일본의 무단통치가 극으로 치달았던 상황을 감안하면 이 문제는 어쩌면 독립운동 진영의 가장 큰 숙제였을 것이다. 흔한 말로 차라리 목숨은 내놓기가 더 쉬웠을지도 모른다.

이승훈은 당시 각 교회마다 심각한 재정난에 시달리고 있다면서 참여하는 동지들이 개별 염출하기로 하였으나 목표한 금액이 모이기도 어렵거니와 시간마저 촉박해서 걱정이라고 했다. 그러면서 최린에게 천도교 측에서 자금을 빌려줄 수 없겠느냐고 의향을 물었다. 5천 원 정도 빌려주면 좋은데, 우선 급한 대로 3천 원이라도 빌려달라고 간절하게 말했다. 이에 대해 최린은 천도교 측도 재정이 어렵기는 매한가지라며 손병희 교주에게 말해 가능하도록 노력해보겠다고 화답했다.

당시 천도교 측의 형편이 기독교 측보다 다소 나았던 것은 1918년 중앙대교당과 중앙총부 건물을 새로 짓기로 하고 모금을 했기 때문이다. 그런데 모금 사실을 안 총독부가 기부행위금지법 위반이라는 명목을 내세워 은행에 예치된 돈을 동결시키는 조치를 취한다. 그렇지만 이후에도 건축성금이 계속 이어지는 과정에서 되돌려받는 것처럼 위장하는 등 편법을 동원하여 자금을 모았기에 형편이 아주 어려운 것은 아니었다.

은신처로 돌아온 이승훈은 관련 인사들에게 기별을 넣어 그날(21일)로 기독교 측의 확대회의를 열자고 했다. 장로교파에서는 이승훈을 비롯한 함태영·이갑성·안세환·김세환·김필수·오상근 등이, 감리교파에서는 박희도·오화영·신홍식·오기선 등이 참석한 가운데 밤에 이갑성의 집에서 확대회의가 열렸다. 이 자리에서 합의한 사항은 다음과 같다(독립기념관 독립운동사 교양총서 4《3·1 독립운동》에서 인용).

첫째, 이승훈이 천도교와의 연합전선 형성의 새로운 진전을 보고하자 처음에는 반대론이 상당히 일어났으나, 함태영·이갑성·안세환 등이 독립운동은 종파를 초월한 전 민족적 운동이 되어야 한다고 주장하며 이승훈을 지지함으로써 운동 방법에 큰 차이가 없는 한 천도교와 연합전선을 형성할 것에 합의하고, 그 교섭위원으로 이승훈과 함태영을 지명했다. 이승훈과 함태영은 천도교 측과 교섭하여 그 결과를 다음 날 회의에 보고하기로 했다.

둘째, 독립운동은 독립청원서를 제출하는 방법을 택하기로 합의하고, 가능한 한 다수의 대표자들이 연서하기로 하며, 독립청원서의 초안 작성은 이승훈과 함태영에게 위임했다.

셋째, 국내 독립운동과 국외 독립운동을 연결하며, 파리 강화회의와 국제정세에 관한 정보를 신속하고 정확하게 파악하기 위해 현순을 중국 상하이에 파견하기로 했다.

넷째, 전국 각 교회에서 동지들을 모집하기 위해 20일 회의에서 선정된 지방순회위원 이외에 각 지역별로 책임자를 지명했다. 이승훈은 평안북도, 신홍식은 평안남도, 이갑성은 경상남북도, 김세환은 경기도·충청남북도 책임자로 선정되었다. 전라남북도의 책임자는 적임자가 없어서 이갑성이 세브란스 의학전문학교 학생 김병수金炳洙에게 부탁하여 전라도 지방을 순회해서 동지를 모집하게 했다.

## 06_천도교와 기독교의 극적 합의

이렇게 하여 꺼져만 가던 민족 전체의 연합전선 불씨가 되살아나기 시작했다. 2월 22일 저녁 이승훈은 함태영과 함께 최린의 집으로 가서 삼자 회동을 갖는다. 이 자리에서 다양한 내용을 논의하였을 것이며, 대략적인 방법론에 대해서도 어느 정도 의견을 절충하였을 것으로 보인다.

최린은 이승훈과 크게 두 가지 사항에 대해 의견을 교환했다. 그 두 가지는 다음과 같다(독립기념관 독립운동사 교양총서 4《3·1 독립운동》에서 인용).

> 첫째, 기독교 측은 천도교 측이 만주로부터 무기를 수입해 폭력을 사용하려고 한다는 풍설이 있는데, 그 사실 여부를 알고자 한다. 이에 대해 최린은 그러한 사실이 없다고 해명했다. 천도교 측도 이번의 독립운동은 비폭력으로 할 것을 생각하고 있었으므로 이 문제에 대해서는 두 종교의 견해가 처음부터 일치되었다.
>
> 둘째, 기독교 측은 독립선언서보다 독립청원서를 제출하는 방법을 택하려고 설명하였다. 이에 대해 천도교 측의 최린은 반대했다. "청원서나 건의서를 내는 것은 일본정부에게 독립을 시켜달라고 청원한다든지 건의해보는 것이므로 민족자결의 의미가 없다. 그러므로 국내적으로 전 민족을 분기시키고, 국외적으로 전 세계에 향하여 독

립해야 하는 이유와 독립을 위해 싸우겠다는 결의를 표명하는 중대한 선언이 되어야 한다.

그러면서 최린은 이번 독립운동은 '독립선언'이라야 하고 '독립청원'을 할 바에는 구태여 연합전선을 만들 필요가 없다고 지적하면서 '독립선언'의 방법에 의한 두 종교의 연합전선 형성을 역설하였다. 기독교 측의 이승훈과 함태영도 이에 찬성하고, 기독교 동지들과 상의한 뒤 회답하기로 약속했다.

이런 상황에서 삼자 회동을 마치고 이승훈은 이날 밤 다시 관련 인사들을 불러 모았다. 함태영의 집에는 많은 인사들이 지방 순회로 서울을 비워서 이승훈을 비롯해 함태영, 박희도, 안세환, 오기선 등이 참석했다. 이 회의에서 기독교 측은 천도교 측과 연합전선을 구축하기로 최종 결론을 낸다. 특히 천도교 측에서 자금을 부담하기로 한 것에 대해 대만족을 표했다.

다만 독립운동 방법에서 약간의 반대 의견이 있었다. 기독교 측은 애초에 독립청원을 하기로 했기 때문에 약간의 혼선이 왔지만 큰 줄기에서 두 종교 간의 대승적 합의라는 점이 반영되어 수용했다. 그 결과 독립청원을 강력하게 주장하던 오기선은 모임에서 이탈했다.

2월 24일, 이승훈과 함태영은 최린의 집을 방문해 무조건 연합 의사를 통고하면서 천도교 측과 기독교 측의 연합전선은 마침내 결실을 맺었다. 그리고 다음과 같은 사항을 최종 합의했다.

1. 거사일을 3월 1일 오후 2시로 정하고 이때 파고다공원에서 '독립선언서'를 낭독하여 독립을 선언할 것.
2. 독립선언서를 다수 비밀리에 인쇄하여 서울에서는 독립선언 당일 이를 군중에게 배포해서 만세를 부르도록 하고, 각 지방에는 이를 분송할 것.
3. 독립선언서를 각 지방에 분송할 때 서울에서의 독립선언 일시 및 독립선언서 배포 절차를 전달하여 각 지방에서도 서울에 따르게 할 것.
4. 독립선언서 및 기타 문서의 기초와 독립선언서의 인쇄는 천도교 측에서 담당할 것.
5. 독립선언서의 배포와 분송은 천도교 측과 기독교 측이 각각 담당할 것.
6. 일본정부와 일본 귀족원·중의원의 양원 등에 보내는 통고문은 천도교 측에서 담당하여 보내고, 미국 대통령과 파리 평화회의의 각국 대표들에게 보내는 청원서는 기독교 측에서 담당하여 보낼 것.
7. 조선민족 대표로서 각 서면에 연명할 사람은 천도교와 기독교 측에서 각각 십수 명을 선정하도록 할 것(기독교 측에서는 다수의 동지를 모아서 연서하기 위해 지방에 사람을 내려보내 동지 모집에 종사케 했었으나 이 협정에 의해 그 계획을 변경하기로 하였다).

8 독립운동에의 참가를 요구하고 있는 불교도도 연명에 가입시킬 것.

이렇게 동학이랄 수 있는 천도교와 서학이랄 수 있는 기독교는 민족연합선전을 확립하고 불교의 참여를 위해 노력하기 시작했다.

## 07_불교는 참가, 유림은 불참

천도교 측의 최린은 이미 2월 10일경 친분이 있던 한용운에게 미리 언질을 주어 참여 동의를 받아놓은 상태였다. 해서 최린은 기독교 측과 마지막 합의를 본 그날 밤 곧바로 한용운을 찾아가 불교 측의 참여를 요청했다. 이에 한용운은 동지들과 협의해 참가하겠다고 최린의 요청을 받아들였다.

이런 상황이 되자 한용운도 바빠졌다. 거사일이 코앞에 다가와 있었기 때문이다. 한용운은 영남지방 심산유곡에 자리 잡은 여러 사찰에 기별을 넣었다. 하지만 승려들의 호응은 거의 없었다. 다만 백용성白龍城에게서만 참여 의사를 얻는 데 그쳤다. 이리하여 불교 측에서는 한용운과 백용성만 합류하게 된다. 비록 두 명이었지만 이들의 참여는 그 이상의 큰 의미를 갖고 있었다. 불교가 참여함으로써 당시 영향력 있는 세 종교가 힘을 합치는 결과를 만들어낸 것이다.

하지만 민족연합전선에서 유림의 참여가 없었던 점은 큰 아쉬움으로 남는다. 유림을 대표한다고 할 구한말 명망가들에게 참여를 부탁했지만 이들이 거절했던 일은 앞에서 언급한 바 있다.

독립운동 추진자들은 계속해서 유림의 의사를 타진했다. 특히 유림계의 영향력이 있는 김창숙에게 거사 계획을 알려주면서 참가해달라고 부탁했지만 답은 오지 않았다. 여기에는 약간의 혼선이 있었던 것으로 보인다. 김창숙이 자신의 문집인 《심산유고心山遺稿》에서 술회한 내용은 이렇다.

김창숙이 경상북도 성주 본가에 있을 때 서울의 성태영成泰英으로부터 온 편지에 이르기를, 고종의 인산이 3월 3일에 있는데, 이때를 타서 나라 안 인사들이 일을 일으키려고 하고 있고, 기틀이 이미 성숙했으니 즉시 서울로 올라와서 기회를 잃고 후회하는 일이 없도록 하라고 했다. 그러나 모친의 병환 때문에 곧바로 집을 나서지 못하고 양력 2월 그믐날에 서울에 오자 성태영이 이르기를, 3월 1일에 독립선언서를 발표하기로 되어 있으니 이미 연서의 기회를 잃은 것이 한탄스럽다고 했다. 김창숙은 이튿날 독립선언서를 보고 통곡을 하면서 유교의 대표가 한 사람도 없음을 개탄했다고 한다.

이런 시국에서 학생들도 가만있지 않았다. 1919년 1월 하순 연희전문학교 김원벽金元璧이 서울 시내 중국음식점에서 전문학교 학생 대표 9명과 회합을 가졌다. 이날 참석자는 김원벽을 비롯해 보성전문학교 졸업생 주익朱翼, 연희전문학교 윤화정尹和鼎, 보성전문학교 강기덕康基德, 경성전수학교 윤자영尹滋瑛, 세브란스 의학전문학교 이용설李容卨, 경성공업전문학교 주종의朱鐘宜, 경성의학전문학교 김형기金炯機, 경성전수학교 이공후李公厚 등 9명이었다. 이들은 이 자리에서 독립운동을 할 것을 제의한다. 《독립운동사 자료집》(독립운동사편찬위원회)에 실린 주익의 발언을 보자.

"제1차 세계대전의 결과 세계는 새로 조직되어 세계 지도는 색채에 변동을 가져올 것이다. 신문보도 기타 들어 아는 바에 의하면 종래에는 속국이었던 것이 독립하고, 또는 타국 판도 내에 있던 민족으로 새로 독립국가를 조직하는 국가가 수개국 있는 것은 확실하다. 우리 조선에 대해서도 평화회의에서 문제시되는 기미가 있으므로 이때 우리들 동포가 일제히 궐기해서 운동을 개시하면 혹은 성공할지도 모르는 정세다. 그리고 지금 이 기회는 운동을 개시할 좋은 시기라고 생각된다."

그러자 참석자들은 이렇게 화답했다. 위의 자료에 있는 내용을 인용한다.

"동경에 있는 우리 유학생들도 이미 독립운동을 기획하고 선언서 발표를 꾀하고 있는 이때이므로 조선에 있는 우리들 청년 학생도 선언서를 발표하여 소리를 크게 해서 일반 여론을 환기시켜 세계의 동정에 호소해야 한다."

이날 합의를 보지는 못하고 좀 더 생각해보기로 한 상황에서 종교계 민족연합전선을 펴기로 한 독립운동 추진 측에서 학생 측에 요청을 해왔다. 독립선언을 발표할 때 총동원하여 시위행진을 하고, 학생들이 전위적 주체가 되어 독립 의사를 표현하고 종교계 연합운동에 합류해달라는 내용이었다. 이에 대해 학생 측도 연합하기로 결의한다.

이렇게 독립운동은 한성대 총장을 지낸 역사학자 윤경로의 말처럼 "세류細流가 모여 대하大河"를 이루면서 역사적인 날을 앞두게 됐다.

## 08_학생들도 참여하기로

앞에서 언급했지만, 연희전문학교 학생이던 김원벽은 1월 26일에 대표급 학생 9명을 중국음식점으로 불러 모았다. 이날 참석자는 김원벽을 비롯해 주익, 윤화정, 강기덕, 윤자영, 이용설, 주종의, 김형기, 이공후 등이었다.

《한국독립운동사자료집》에 따르면, 이 자리에서 주익이 "우리 동포가 일제히 궐기해 운동을 개시하면 혹은 성공할지도 모르는 정세"라며 "제군의 의견은 어떤가"고 참석자들의 의견을 물었다. 그러자 학생들 대부분이 각자 의견을 내며 활발한 토론을 벌인 다음 독립선언서를 발표하고 독립운동을 일으키기로 합의했다. 하지만 회의를 소집했던 김원벽은 신중하게 접근해야 한다며 결정을 못 내리고, 일주일의 시간을 달라고 했다. 그렇게 그날의 모임은 결론 없이 끝났다.

이후 학생대표들은 끊임없이 김원벽에게 결단을 촉구했고, 2월 초에 이르러 김원벽은 결단을 내렸다. 그는 무엇보다 시급한 일이 학생들의 조직화이고, 학교별로 대표를 정하는 것이 우선이라고 생각했다. 이에 경성전수학교는 김성득과 윤자영, 경성의학전문학교는 김형기와 한위건, 세브란스 의학전문학교는 김문진과 이용설, 경성공업전문학교는 김대우, 보성전문학교는 강기덕과 한창환, 연희전문학교는 김원벽이 대표로 결정됐다. 독립선언서는 주익이 쓰기로 했다.

이때 천도교와 기독교, 불교가 연합하여 독립을 선언하기로 의견을 모으면서 학생들도 이 독립선언에 합류하고 모두 행사에 참가해 시위행진을 해주기를 기대했다. 해서 박희도는 김원벽에게 학생들도 함께 해달라는 의견을 전달했다. 그러자 학생들은 이 제안을 논의하기 위해 2월 25일 밤 정동교회에 있던 이필주 담임목사의 사택에 모였다. 이날 참석자는 전성득, 김형기, 김문진, 김대우, 강기덕, 김원벽, 한위건, 한창환, 윤자영 등이었다.

회의 결과 학생들은 천도교와 기독교 측이 추진하는 독립선언에 적극 동참하기로 하는 한편 자체적으로 추진하던 독립선언은 하지 않기로 했다. 대신 이번 거사 말고도 향후에 지속적으로 독립운동을 전개한다고 결의했다. 이 회의의 합의문은 다음과 같다.

■ **기미독립선언서 추진 4가지 흐름**
- 천도교
- 기독교: 감리교 파, 장로교 파
- 해외 독립 운동
- 청년 학생

- 학생단의 독립운동은 기독교와 천도교의 연합전선에 참가하여 함께 연합한다.
- 각 전문학교 및 중등학교 학생은 3월 1일 정오까지 모두 파고다공원에 집합해 일대 시위운동을 전개한다.
- 학생단은 3월 1일 연합된 독립운동에 참가하되, 형편에 따라 전문학교 학생을 중심으로 하는 학생 독자의 시위운동을 전개하기로 한다.

한편 학생들은 독자적인 시위운동을 계속한다는 입장을 가지고 있었던 터라 2월 26일 다시 이필주 목사 사택에 모여 이 문제를 논의했다. 회의 결과, 3월 1일 독립시위운동에 참가하되 학생들의 독자적인 독립시위운동을 모두 5차례에 걸쳐 전개하기로 하는 한편 3월 5일에 서울역에서 시위를 하기로 했다.

**■ 민족대표 33인 분포**

- **천도교(15명):** 손병희, 권동진, 오세창, 임예환, 나인협, 홍기조, 박준승, 양한묵, 권병덕, 김완규, 나용환, 이종훈, 홍병기, 이종일, 최린
- **기독교(16명)**
  - **감리교(9명):** 박희도, 오화영, 최성모, 이필주, 김창준, 신석구, 박동완, 신홍식, 정춘수
  - **장로교(7명):** 이승훈, 이갑성, 양전백, 이명룡, 길선주, 유여대, 김병조
- **불교(2명):** 백용성, 한용운

또한 도쿄의 2·8 독립선언서에 자금을 지원하고 귀국한 여자 유학생 김마리아, 황애시덕(황에스터) 등이 이화학당 학생들과 함께 학생단 독립운동에 합류했다.

이렇게 학생들도 연합전선에 참가하면서 명실상부한 거족적 운동이 일어날 준비를 마쳤다.

## 09_기미독립선언서 작성

시냇물이 모여 큰 강을 이루게 된 범민족적 독립운동은 세부적인 시행사항을 결정하는 한편, 행사 당일 읽을 독립선언서 작성 작업도 숨가쁘게 진행해야 했다.

독립선언서 작성과 인쇄는 천도교 측에서 맡기로 했으므로 최린은 최남선에게 독립선언서 작성을 맡겼다. 당시 최남선은 일본 유학 중 이광수·홍명희 등과 사귄 인물로, 동맹휴업 사건에 연루돼 일본 와세다대학을 중퇴하고 귀국하여 출판사 신문관을 설립해 잡지 〈소년〉을 발행하는 등 문화사업을 하고 있었는데, 당시 문필가로도 꽤나 이름이 난 상태였다(205쪽, '기미독립선언서 작성자 최남선은 누구인가' 참조).

최남선은 독립선언서 작성 배경을 이렇게 고백하기도 했다.

"조선 사람이 일본의 통치를 받아 10년이나 되는 날까지 여러 가지

형식으로 일본에 대한 반박의 심리를 발휘했지만 해외 각국은 그다지 그것을 인식치 못하고 있었습니다. 이러한 민족적 반박심을 표현할 기회가 왔음에도 불구하고 조선 사람이 가만히 있으면 일본 정치에 만족하고 납득하고 있다는 것으로 보이니까 이번 운동에 있어서 독립이 실현된다든가 못 된다든가 하는 것은 문제가 아니고 적어도 조선사람이면 일본에 대한 반박심을 표현할 필요가 있다 하여 그렇게 실천된 것입니다."

또한 최린의 자서전에서 최남선은 독립선언서 작성 배경을 이렇게도 말했다. 그 한 구절을 보자.

"일생애를 통해 학자의 생활로서 관철하려고 이미 결심한 바 있으므로 독립운동 표면에는 나서고 싶지 않으나 독립선언 문건만은 내가 지어볼까 하는데, 그 작성 책임은 형(최린 - 필자)이 져야 한다."

당시 최남선은 인쇄 시설을 갖춘 출판사 신문관을 설립해 사업을 크게 펼치던 관계로 독립운동의 전면에 나서기를 꺼렸다. 독립선언서 작성자이면서도 실제 서명에는 참가하지 않은 것도 이런 이유 때문이었을 것으로 보인다.

한용운은 최린을 찾아가 독립운동에 대한 책임을 직접 지지 않겠다는 사람에게 독립선언서 작성을 맡길 수 없다며 자신이 집필하겠다고 나섰다. 그러나 최린은 한용운의 제안을 거절하고 최남선에게 맡긴다. 이런 연유로 (후술하게 될) "한용운이 '공약삼장'을 추가했다"는 얘기가 나돌았다.

아무튼 천도교 측의 손병희 교주를 비롯한 권동진·오세창·최린 등은 독립선언서 작성 지침서를 마련해서 최남선에게 전달했다. 그 내용은 첫째, 글의 의미는 동양평화를 위해 조선이 독립함이 옳다는 뜻 강조, 둘째, 표현은 감정에 흐르지 말고 온건하게 할 것 등 두 가지로 요약된다.

작성 지침을 전달받은 최남선은 황금정黃金町(현 을지로) 3정목에 자리한 임규林圭의 집에서 본격적인 집필에 착수한다. 임규는 게이오의숙을 졸업하고 서울의 사립학교에서 일본어를 가르치고 있었는데, 최남선의 출판사 신문관에서 일본어 책을 내기도 했다. (임규는 2월 27일 민족대표들이 서명한 통고문 3통과 선언서를 가지고 일본으로 건너가 일본 총리 하라 다카시原敬와 일본 제국의회에 우송하고 귀국하다 체포되어 이듬해 10월 무죄 판결을 받고 풀려날 때까지 구속됐었다.)

최남선이 임규의 집을 택한 것은 그의 아내가 일본인이기 때문에 안전할 거라는 판단에서였다. 그는 신문과 함께 배달되는 광고지를 여러 장 연철해서 그 뒷면에 독립선언서를 써내려갔다. 최남선은 종이에 대해 인색하다고 할 정도로 극히 아끼는 버릇

■ **기미독립선언서 작성 지침**

- **동양평화 위해 조선 독립의 정당성 강조**
- **감정에 흐르지 말고 온건하게 할 것**

이 있었는데, 신문과 함께 배달된 광고지는 으레 모아두는 습관이 있었다고 한다.

최남선은 작성한 독립선언서를 임규의 일본인 부인이 재혼하면서 데리고 온 일본인 양아들을 시켜 최린에게 넘겨준다. 초안은 항아리에 넣어 지하에 묻어두었다.

이 일로 최남선이 2년 8개월 동안 투옥되었다가 석방된 뒤 나와서 그 항아리를 열어보니 빗물이 침투해 반은 썩고 반은 덩어리져서 문자를 알아볼 수 없게 되었고, 그마저도 한국전쟁 중 1·4후퇴 때 없어졌다고 술회한 바 있다.

최남선에게서 독립선언서를 받은 최린은 그것을 자기 집 벽장에 걸려 있는 거문고 속에 보관했다가 천도교 교주 손병희, 기독교 측 함태영 등에게 보여주고 동의를 얻는다.

한편 기미독립선언서 뒤에 있는 '공약삼장'의 집필자를 두고 설왕설래가 있다. 대략 두 가지 설이 있는데, 하나는 기미독립선언서를 기초한 최남선이 모두 썼다는 것이고, 또 하나는 불교 측 대표로 독립선언서에 서명한 한용운이 썼다는 것이다.

대체적으로 한용운이 썼다는 것이 정설처럼 굳어져 있다. 기미독립선언서가 실린 교과서의 해설을 보아도 공약삼장은 한용운이 썼다고 한다. 이런 주장의 밑바탕에는 최남선이 나중에 친일로 변절했다는 점이 깔려 있는 것으로 보인다. 한용운이 일부 내용을 수정하고 공약삼장을 썼으므로 기미독립선언서의 진정성은 추호도 의심할 여지가 없다는 주장이리라.

특히 이 주장은 박노자 교수(노르웨이 오슬로 국립대)가 〈기미독립선언서 '공약삼장' 집필자에 관한 고찰〉이란 논문에서 강하게 주장하고 있다. 박 교수는 공약삼장을 한용운이 썼다는 것은 "학계의 통설로 여겨져 왔다"고 전제하고, 승려 독립운동가인 김법린金法麟의 회고록과 〈동아일보〉 1월 7일자 신문에 실린 이갑성의 증언을 들고 있다.

김법린은 1946년 3월에 나온 〈신천지〉 1권 3호에 한용운의 증언을 게재한다.

> "선언서의 작성에 관한 것인데, 기초위원으로 최린, 최남선 및 나(한용운-필자) 3인이었는데, 최남선 씨는 선언서에 서명치 않고 초안만을 집필하고 나는 그것을 수정키로 하고 최린 씨는 기초 책임자로 정했다."

여기서 박노자 교수는 "독립선언서를 전체적으로 재검토·수정하는 과정에서 최남선의 텍스트에 모자랐던 점들을 보완하기 위해 공약삼장을 덧붙인 것으로 보인다"고 주장했다. 또 "공약삼장은 내(한용운-필자)가 추가한 것이었다"고 하는 말을 만해에게서 직접 들었다는, 만해의 제자인 김관호金觀鎬의 증언도 있다는 것이다.

박 교수는 "공약삼장의 자유·비폭력·국제주의 사상이 만해의 평생 신념과 어느 정도 가까운 관계에 있는가"에 비추어보면 "공약삼장은 독립선언서의 '눈동자'일 뿐만 아니라 만해의 사상·신념의 일종의 축약판"이라고 주장한다.

반면 신용하 교수는 최남선 전담설을 주장한다. 그 이유는 "만해가 초고를 보지 못했으며 수정·보완하지 못했으리라는 조용만의 주장"에 근거하여 "독립선언서 작성에 관한 일본경찰의 추궁을 받은 사람이 주로 만해가 아닌 육당"이었기 때문이라고 했다.

하지만 독립기념관에서 발행한 《한국독립운동사》는 만해의 추가설로 기록하고 있다. 여기서 누가 썼느냐에 대해 그 진위를 명확히 밝힐 능력은 없다. 다만 이런 설들이 있다는 것을 독자에게 알려줄 필요는 있을 것 같아 길게 설명했다.

# 기미독립선언서 작성자
# 최남선은 누구인가

육당 최남선

기미독립선언서를 기초한 최남선崔南善(1890~1957, 호는 육당六堂)은 이광수·홍명희와 더불어 조선의 3대 천재로 꼽히며, 2·8 독립선언서를 작성한 이광수처럼 친일파로 변절하여 애증이 교차하는 인물이다.

1890년 4월 26일 서울에서 태어난 그는 여섯 살에 글방 공부를 시작해 한문과 한글을 깨친다. 《천로역정》이나 《태서신사》(서구의 근대사를 다룬 역사책) 등 번역서와 〈독립신문〉, 〈황성신문〉을 읽으면서 서구 문명에 대한 상식을 키웠다.

경성학교를 졸업하고 황실 유학생(최연소 최고 득점자)으로 일본에 건너갔다가 유학생들 간에 불미스런 일이 벌어져 유학을 중단하고 돌아온다. 1906년 다시 유학을 떠나 와세다대학에 들어갔는데, 한국인 차별에 분개해 자퇴하고 귀국한 뒤, 아버지의 도움을 받아 '신문관'이라는 출판·인쇄소를 차리고 1908년 잡지 〈소년〉을 창간한다.

최남선은 1910년 나라가 일본에 병탄되자 우국지사들이 만든 조선광문회에도 적극 참여한다. 이때 민족자결주의와 파리 강화회의 개최 소식을 접하고는 독립운동에 관심을 갖고 가담한다.

3월 1일 기미독립선언 후 그는 독립선언서 기초자라는 사실이 밝혀지면서 체포되어 2년 8개월 동안 옥살이를 한다. 그러나 최남선은 1928년 식민사관을 퍼뜨리기 위해 만든 '조선사 편수위원회'에 참여하면서 친일의 길을 걷는다. 해방 이후 칩거하여 집필로 소일하다가 1957년 병으로 사망했다.

## 10_3월 1일을 거사일로

거사일은 애초 3월 3일로 예정되었다. 그런데 그날이 급서한 고종황제의 인산일과 겹쳤다. 물론 독립선언을 추진한 민족대표들은 애초 이 점을 십분 활용하기로 하고 날을 정했었다. 이왕지사 독립선언을 할 바엔 많은 사람들이 참여하는 것이 일제에 분명한 메시지를 전달할 수 있다는 생각에서였다. 그렇다면 고종황제의 국장을 보기 위해 경향 각지에서 많은 사람들이 모여들게 될 이날이 적기인 것이다. 그래서 독립선언에 함께하기로 한 인사들은 물론이거니와 학생들에게도 거사일이 3월 3일이라고 통보된 상태였다.

그러나 민족대표들은 또 다른 고민에 봉착했다. 국장일에 만세시위를 벌인다는 것이 어딘지 모르게 예에 맞지 않는 것 같다는 지적도 있었다. 이에 3월 4일도 거사일로 검토하였으나 혹시 국장 기간 동안 많은 사람들이 모이는 관계로 불상사라도 생기면 독립선언은 해보지도 못하고 물거품이 될 공산이 컸다. 사실 고종이 독살됐다는 소문이 파다하게 퍼진 상태라 국장 기간 동안의 긴장감이 극도로 팽배해 있었다. 임계점에 이르렀다고 해도 틀린 말이 아니었다. 당시 이런 상황에서 불상사가 일어날 가능성을 배제할 수 없었다.

그래서 국장일 전에 실시한다는 원칙을 세워놓고 3월 2일도 검토했다. 하지만 그날이 마침 일요일이어서 기독교 측의 반대로 결국 3월 1일로 결정했다. 그리고 장소와 시간은 파고다공원에서 2시에 하기로 정했다.

2월 28일 민족대표들은 서로 얼굴도 익힐 겸 최종 점검을 하기 위해 손병희의 집에서 회합을 가졌다. 이날 회합에는 모두 23명이 참석했는데, 양전백·길선주·이명룡·김병조·정춘수·나인협·홍기조·양한묵·백용성 등 10명은 서울로 미처 올라오지 못해 불참했다. 다만 서명자에서 빠진 함태영이 참석했다.

이 모임에서는 우선 박희도의 제의로 장소 변경 문제를 논의했다. 박희도는 이날 파고다공원에 많은 학생들이 모일 예정인데, 군중심리에 자극받아 불상사가 일어날 여지가 많고, 또 일본경찰이 탄압의 명분으로 폭동이라는 구실을 이용하는 간계를 쓸 가능성도 있기 때문이라고 그 이유를 설명했다. 참석자들이 박희도의 제안에 찬성하자 손병희는 즉석에서 태화관泰和館으로 장소를 바꾸자고 제안했고, 이에 모두 동의했다. 그리하여 3월 1일 오후 2시 태화관 별실로 예약을 진행했다.

거사 당일엔 모두 태화관에 모이되 전원이 함께 행동하기로 결의하는 한편, 일본경찰이 체포하러 오더라도 피하지 말고 당당하게 체포에 응하고, 또 그동안의 경과를 있는 그대로 소상하게 진술하기로 했다. 그리고 조선총독부에 기미독립선언서와 청원서 등을 제출하는 임무는 이갑성에게 맡겨졌다. 이렇게 3월 1일의 거사를 위한 만반의 준비는 끝났다.

## 11_기미독립서언서 인쇄

독립운동 참여자들로부터 동의를 구한 독립선언서는 인쇄에 들어갔다. 인쇄 역시 보성사를 소유하고 있던 천도교 측에서 맡았다. 보성사는 30평 규모의 2층짜리 기와 벽돌 건물로, 1906년 이용익이 보성중학교를 설립하면서 학교 교재 출판을 위해 학교 구내에 설치한 인쇄소였다. 그러나 재정난으로 인해 1910년 천도교로 경영권이 넘어가면서 최린이 보성고보의 교장을, 이종일李鍾一이 보성사 사장을 맡았다.

조판은 보성사 인쇄 담당 직원이 한자에 약하고 또 활자가 없는 것이 많아 신문관에서 진행했다. 조판한 기미독립선언서를 넘겨받은 보성사 사장 이종일은 27일 비밀리에 인쇄에 돌입했다. 시간이 부족하여 기미독립선언서 뒤에 이어질 서명은 일단 다른 종이에 진행하기로 하고 인쇄에 들어간 것이다.

이 무렵 이종일은 자신의 본관인 성주 이씨의 족보를 보성사에서 찍고 있었기 때문이다. 훗날 사람들은 기미독립선언서 인쇄를 위장하기 위한 수단이었다고 말하는데, 사실 그랬는지는 확인이 어렵다. 여하튼 많은 성주 이씨들이 족보 때문에 보성사를 들락날락하고 있었다. 감시하는 입장에서는 족보 때문에 많은 사람이 드나드는 것은 당연하다고 생각했을 수도 있다. 하지만 이종일의 입장에서는 극비리에 진행해야만 하는 일이었으므로 긴장의 연속이었다.

이종일의 회고록《묵암 비망록》을 보면 그는 보성사의 공장감독 김홍규, 총무 장효근, 신영구 등과 함께 밤에 모든 창을 가린 채 기미독립선언서 인쇄를 했다고 한다. 그러나 세상엔 비밀이란 없다. 하늘이 알고 땅이 알고 내가 알고 네가 알 듯, 이곳을 지나던 한 형사가 있었다. 바로 보성사를 담당하는 종로경찰서 소속 고등계 형사 신철申哲(일명 申勝熙)이었다. 그는 많은 독립운동가들을 감옥으로 보낸 악질 형사의 대명사로 통하는 인물이었다.

불 꺼진 인쇄소에서 윤전기 돌아가는 소리가 들려 이상하게 생각한 신철은 문을 밀치고 보성사 안으로 들어갔다. 그러고는 막 인쇄된 기미독립선언서 한 장을 집어 들었다. 손 쓸 틈 없이 순식간에 당한 이종일은 순간 당황했다. 이 일로 거사가 물거품이 되는 게 아닌가 싶어 모골이 송연했다. 어떻게 해서든 신철을 설득해야 했다. 해서 이종일은 자신도 모르게 그의 앞에 무릎을 꿇었다. 그리고 이렇게 말했다.

> "이것만은 안 되오. 이 일은 멈출 수 없는 일이오. 하루만 봐주시오. 의암 선생님(손병희 - 필자)한테 갑시다."(이종일, 《묵암비망록》)

그러자 신철은 "당신이 갔다 오시오"라고 했다. 놀란 가슴을 쓸어내릴 겨를도 없이 이종일은 한걸음에 북촌에 있는 손병희 집(현 북촌미술관 자리)으로 내달렸다. 소식을 들은 손병희는 가타부타 말도 하지 않고 선뜻 오천 원을 신문지에 싸서 건네주었다. 당시 오천 원이면 평생을 먹고살고도 남을 만큼의 큰돈이었다. 이종일은 지체할 겨를 없이

1919년 당시 보성사

서울 종로 조계사 옆에 있는 현재 보성사 터

곧바로 인쇄소로 돌아와 신문지에 싼 돈 뭉치를 신철에게 건넸다. 그러자 신철은 아무에게도 말하지 말라는 당부의 말을 남기고는 쓴웃음을 지으며 사라졌다.

이후 신철의 행적에 대해서는 두 가지 설이 있다. 1919년 5월 22일자 〈매일신보〉의 '고등형사가 천도교로부터 오천 원 수뢰'라는 제목의 기사에 따르면, 신철은 출장 갔다가 돌아오다 남대문에서 붙잡혀 조사를 받다 이 같은 사실이 발각되자 자살했다고 보도했다. 또 하나는 이 일이 있는 뒤 들통 날 것이 두려운 나머지 신철은 동거녀에게 알리지도 않고 만주로 도주했다. 그러나 두 달 뒤인 1919년 5월 일제헌병에게 체포되어 서울로 압송되었는데, 압송 도중 개성역을 지날 무렵 기차에서 몸을 날려 자살했다고 한다.

이 두 가지 설을 두고 어느 것이 사실인지를 규명하기는 쉽지 않다. 다만 중요한 것은 신철이 당시에 거사 계획을 문제 삼지 않았다는 점이다. 만일 그가 문제 삼아 사건을 확대했다면, 독립선언은 불발에 그쳤을지도 모른다. 조선인 악질 형사였지만 신철에게도 일말의 양심은 있었던가. 이렇게 위기를 넘긴 이종일은 다시 힘차게 윤전기를 돌렸다. 2월 27일 예정했던 2만 1,000장 인쇄를 무사히 마쳤다. 기미독립선언서는 일차에 이어 2월 28일경에 이차로 1만 장을 더 인쇄했고, 이때 초판본의 오자를 바로잡았다.

초판본 기미독립선언서의 처음 문장은 "吾等(오등)은 玆(자)에 我(아) 鮮朝(선조)의 獨立國(독립국)임과 朝鮮人(조선인)의 自主民(자주민)임을 宣言(선언)하노라"(독립기념관 소장 초판본)였다. 얼마나 다급했던지 '朝鮮(조선)'이 '鮮朝(선조)'로 잘못 표기되어 있었다. 이 오자를 추가 인쇄 때 '朝鮮(조선)'으로 바로잡았던 것이다.

그러나 이번에는 인쇄된 독립선언서를 경운동에 있는 천도교 중앙대교당으로 옮기는 것이 문제였다. 곳곳에 일본경찰에 있기도 하거니와 문제는 천도교 중앙대교당까지 가는 400여 미터 길목에 파출소가 자리 잡고 있었기 때문이었다. 더욱이 야심한 밤에 손수레에 짐을 잔뜩 싣고 가면 으레 의심의 눈초리를 보내던 것이 당시 일본경찰의 감시망이었다.

고민에 고민을 거듭한 이종일은 한 가지 꾀를 냈다. 성주 이씨 족보를 싣고 가는 것처럼 위장해 독립선언서를 운반할 심산이었다. 해서 손수레 맨 아래에 독립선언서를 싣고 그 위에 족보를 얹어 덮었다. 그러고는 족보를 운반하고 있다는 듯 태연한 척 걸음을 재촉해 파출소 앞에 다다랐다.

아니나 다를까, 일본경찰이 의심 가득한 눈초리로 다가와 손수레를 세우더니 불심검문을 시작했다. 검문이라는 것이 눈으로 대충 훑어보는 것이 아니라 아예 손수레에 실린 짐을 죄다 확인할 태세였다. 일본 형사는 손수레 위에 얹혀 있는 족보를 하나씩 치우기 시작했다. 한 권 한 권 족보가 내려지자 이종일은 안절부절못하며 떨리는 심장을 진정하기 어려웠다. 이제 곧 독립선언서가 드러날 판이었다. 큰일났다. 독립을 선언하겠다는 거사가 또다시 물거품이 될 위기에 처했다. 이종일은 시쳇말로 가슴이 터질 지경이었다.

그런데 하늘은 스스로 돕는 자를 돕는다고 했던가. 독립선언서가 드러나려는 찰나 그 일대가 갑자기 정전이 되었다. 칠흑 같은 어둠에 검문이 어렵게 되자 일본경찰은 불을 가지러 파출소 안으로 들어갔다. 그러자 상급자가 검문 경찰에게 "그만두라"고 지시했다. 볼 만큼

본 데다 불까지 가지고 가서 볼 필요가 있을까 싶어서였는지, 아니면 귀찮아서였는지 모르지만, 이로 인해 이종일은 깊은 숨을 내쉬며 놀란 가슴을 쓸어내렸다. 이런 우여곡절을 겪으며 독립선언서는 배포처인 천도교 중앙대교당까지 무사히 도착했다.

## 12_기미독립선언서의 배포

천도교가 운영하는 인쇄소인 보성사에서 몰래 인쇄된 독립선언서는 3월 1일 전국에서 동시다발적으로 치를 행사를 위해 비밀리에 배포되었다. 독립선언서 배포 역시 천도교 측에서 담당했다. 오세창이 총책임을 맡고 이종일이 실무를 맡아 진행했다.

**■ 기미독립선언서 전국 배포 담당**

- **천도교**
  - 총책임: 오세창
  - 실무책임: 이종일
  - 충청도·전라도: 인종익
  - 강원도·함경도: 안상덕
  - 평안도: 김홍렬
- **기독교**
  - 평안도: 김창준(보충 함태영)
  - 경상도: 이갑성
  - 경기도·함경도: 오화영
  - 학생: 이갑성

천도교 측에서는 인종익에게 충청도·전라도를 담당하게 하는 한편, 안상덕에게는 강원도·함경도를, 김홍렬에게는 평안도를, 이경섭에게는 황해도를 각각 담당하게 했다. 기독교 측에서는 김창준에게 평안도를, 이갑성에게 경상도를, 오화영에게 경기도·함경도를, 함태영에게 평안도 지방 보충을 각각 맡겼다. 불교 측에서는 한용운이 맡았고, 학생 측은 이갑성이 담당했다.

배포가 시작되자 배포처에서는 청색 카드를 가져온 사람에게만 독립선언서를 나누어주었다. 비밀 유지를 위해 사전에 각 종교 측에 청색 카드를 나누어주고 이것을 휴대해야 수령할 수 있도록 해놓았던 것이다.

천도교 측의 인종익 2,000장, 안상덕 2,000장, 김홍렬 3,000장, 이경섭 1,000장을 배포했고, 기독교 측의 함태영 1,200~1,300장, 김창준 300장을 주고, 이갑성이 학생들에게 배포할 2,500장을 가져갔다. 그리고 불교 측 한용운에게 3,000장을 넘겨주었다. 또 이종일은 천도교 편집원에게 50장을 주어 고종의 장례를 보기 위해 모인 군중들에게 뿌리라고 했고, 100장은 나용환에게 맡겨 태화관 행사장에 올 때 갖고 오도록 했다.

## 13_민족대표 선정

천도교 측과 기독교 측, 불교 측, 그리고 학생들까지 모두 함께 독립운동을 전개하기로 합의했고, 또 독립청원이 아닌 독립선언을 하기로 함에 따라 독립선언서에 서명할 민족대표들을 선정하는 한편 본격적인 서명 작업에 들어갔다.

민족대표 선정은 각 종교별 추천에 의해 이루어졌다. 천도교 측은 교주 손병희를 비롯해 거사를 위해 동분서주했던 권동진·오세창·최린·이종일과 고종의 장례를 보기 위해 서울에 온 천도교 간부 임예환·나인협·홍기조·박준승·오한묵·권병덕·김완규·나용환·이종훈·홍병기 등 모두 15명이 서명자로 결정되었다.

기독교 측에서는 2월 27일 이필주 목사 집에서 이승훈을 비롯해 박희도·이갑성·오화영·최성모·이필주·함태영·김창준·신석구·박동완 등 10명이 모인 가운데 모임을 갖고 함태영이 최린에게서 전달받은 독립선언서를 비롯해 독립통고서, 독립청원서를 회람한다. 이날 모임에서 함태영을 제외한 9명과 신홍식·양전백·이명룡·길선주·유여대·김병조·정춘수 등 7명, 모두 16명으로 결정했다. 이때 함태영이 제외된 것은 독립선언서가 발표되면 민족대표들이 연행될 것은 불문가지이므로 누군가 민족대표의 가족을 보살피는 임무를 맡아야 했고, 그 임무를 함태영이 맡은 때문이었다.

불교 측에서는 한용운의 주도로 여러 인사를 섭외했으나 시일이 촉박하기도 했거니와 많은 이들이 거절했다. 백용성만 흔쾌히 동의하고 도장을 아예 한용운에게 맡겼다. 이리하여 민족대표 33인이 결정되었다.

독립선언서 서명 날인은 2월 27일 밤 최린의 집에서 했다. 기독교 측에서 이승훈·이필주·함태영이, 불교 측에서 한용운, 그리고 최남선이 참석했다. 보성사에서는 이미 신문관에서 작업한 조판으로 독립선언서 인쇄를 시작한 상태였다. 시일이 촉박하여 독립선언서에 서명 날인까지 넣어서 인쇄를 하기에는 시간이 부족했다. 그래서 인쇄는 인쇄대로 진행하고 서명은 백지에 했다고 한다. 함태영·한용운·오세창 등이 주도하여 서명이 이루어졌다.

그런데 약간의 논란이 있었다. 민족대표의 이름를 어떤 순서로 쓸 것인가 하는 문제 때문이었다. 기독교 측에서는 서명자의 나이나 가나다순으로 하자고 제의했다. 그러자 최린이 천도교 측의 입장을 설명했다. 그렇게 할 경우 손병희 교주와 간부의 순서가 바뀌어 모양상 좋지 않다는 것이었다. 천도교는 위계질서를 무엇보다 중요하게 여겼다. 이에 최남선이 나서 타협론을 제시한다.

"인물로 보나 거사의 동기로 보나 손병희 선생을 영도자로 모시고 수위에 쓰는 것이 어떠한가."

그러자 기독교 측의 이승훈이 그런 이유라면 두 번째 인물은 기독교를 대표하는 길선주 목사를 쓰면 어떻겠느냐고 했다. 그러자 누군가가 그럼 감리교파를 대표해 이필주 목사를 쓰자고 했다. 그렇다면 불교 측의 한용운 역시 불교 측 대표로 백용성을 쓰자고 제안했다. 이에 모든 사람들이 이 제안들을 받아들였다. 그래서 손병희·길선주·이필주·백용성의 순서로 쓰고 나머지는 가나다순으로 배열하여 서명하는 것으로 결론이 났다. 그리하여 이 순서로 이름을 명기하고 서명했다.

# 기미독립선언서에 서명한 민족대표 33인

**손병희**

孫秉熙, 1861. 4. 8~1922. 5. 19

기미독립선언서에 서명한 민족대표 중 맨 앞에 이름을 올린 손병희는 천도교(동학) 교주이자 독립운동가이다. 1861년 충북 청주에서 태어난 그는 "모든 사람이 평등하다"는 동학의 교리에 이끌려 1882년에 동학에 입교한다. 입교 3년 뒤 그는 2대 교주 최시형을 만나 수제자가 된다.

1894년 동학농민운동이 일어나자 손병희는 전봉준과 함께 관군에 맞서 싸웠고, 혁명이 실패한 뒤 동학의 재건과 포교에 큰 공을 세웠다. 그리고 1897년 최시형에 이어 3대 교주가 된다.

독립협회의 개화파 인물들을 천도교에 입교시키기도 했던 그는 동학에 대한 탄압이 거세지자 안경장수로 변장해 중국으로 피신한다. 그러나 대한제국의 압력을 받은 중국정부가 망명을 받아들이지 않자 1901년 일본으로 망명한다.

1905년 손병희는 일본에서 동학을 천도교로 이름을 바꾸고 이듬해에 귀국한다. 동학을 탄압하던 대한제국이 무기력한 상황이 되었기 때문이었다. 그리고 천도교 내 송병준, 이용구와 같은 인사들이 참여한 친일 단체 일진회 회원들을 출교시킨다.

그러다 그는 교령 자리를 박인호에게 승계하고 보성전문학교를 비롯해 동덕여학단 등을 인수해 교육사업을 펼쳤고, 출판사업에도 관심을 쏟다가 3·1 독립운동의 맨 앞에서 큰 역할을 했다. 1919년 3월 1일 태화관에서 독립선언서 낭독식이 끝난 직후 체포되어 3년형을 선고받았다. 감옥생활을 하다 1920년 병보석으로 풀려난 뒤 1922년 5월 가족이 지켜보는 가운데 타계했다.

## 길선주

吉善宙, 1869. 3. 25~1935. 11. 26

기미독립선언서의 두 번째 서명자인 길선주는 평안도의 기독교 장로교파를 대표해 이름을 올렸다. 1869년 평안남도 안주읍에서 태어났고, 어려서 무속신앙과 선도에 심취해 입산수도를 하기도 했다.

1897년 기독교에 입문한 그는 안창호가 설립한 독립협회 평양지부 발기인으로 참여하는 등 기독교 인사들과 친분을 나누며 다양한 활동을 전개했다. 1907년 평양신학교를 1회로 졸업하고 한국 최초의 장로교 목사 일곱 명 중 한 명으로 목사가 되었다. 그는 맏아들을 '105인 사건'의 고문 후유증으로 잃는 아픔을 겪는다.

기미독립선언 당시 길선주는 동참하기로 맘먹고 서명을 위한 도장을 아예 이승훈에 맡길 만큼 적극적이었다. 하지만 3월 1일 당일 태화관에는 평양에서 올라오느라 늦어 참석하지 못했다. 그 뒤 체포됐지만 무죄 판결을 받았다. 그런데도 미결수로 무려 2년이나 옥살이를 해야 했다. 독립선언 이후에는 민중계몽운동과 복음에 전념하며 기독교 선교에 많은 힘을 쏟았다. 1935년 평안남도 강서의 한 교회에서 사경회를 인도하던 중 뇌일혈로 타계했다.

### 이필주

李弼柱, 1869. 11. 9~1942. 4. 21

기미독립선언서 세 번째 서명자인 이필주는 기독교 측 감리교파 민족대표로 참가했다. 1869년 경북 예천에서 태어나 조선 말기에 군대에 입대했다가 동학농민운동 당시 동학농민군에 맞서 싸우기도 했다.

1902년 늦게 본 남매가 병사하는 고통을 겪은 뒤 그는 상동교회에서 기독교에 입교했다. 신앙생활에 방해가 된다는 생각에서 과감하게 군대를 그만두고 신민회에도 참가했다. 일제의 탄압으로 말미암아 신민회 활동이 여의치 않자 1911년 협성신학교에 입학해 공부했고, 1915년에 목사 안수를 받는다. 그리고 독립선언이 이루어지던 무렵엔 감리교를 대표하는 목사로 성장했다.

독립운동에 대한 논의가 활발히 열릴 때 그는 감리교의 대표격인 정동제일교회 담임목사직을 수행하고 있었고, 그의 집이 여러 차례 회합장소가 되기도 했다. 독립선언으로 체포되어 2년형을 받고 복역한 뒤, 1942년 경기도 화성에서 목회를 하다 타계했다.

**백용성**

白龍城, 1864. 5. 8~1940. 2. 20

기미독립선언서에 네 번째로 이름을 올린 백용성은 불교 측 민족대표이다. 1864년 전북 남원에서 태어난 그는 열여섯에 해인사에서 삭발하고 출가해 전국의 명찰을 두루 돌며 심신을 수련했다.

백용성이 깨달은 스님으로 알려지면서, 불교계에서는 조선 후기 불교 법맥의 원류인 지안조사가 135년 만에 용성스님으로 환생했다고 했다. 나라가 일제에 병탄되었을 때 "불교가 멸하지 않으면 민족정기는 다시 살아나 민족의 해방과 자주독립을 얻을 수 있다"고 역설하기도 했다.

1919년 기미독립선언서 서명에 사제인 한용운의 권유를 받고 인장을 아예 맡길 만큼 적극 동참했다. 독립선언으로 일본경찰에 체포되어 3년간 복역했고, 출감한 뒤 대각교大覺教라는 종파를 만드는 한편 서울에 대각사를 창건하여 포교에 전념했다.

한용운의 시 〈님의 침묵〉의 실제 모델로도 알려진 백용성은 대각사에서 "사자 뱃속에 벌레가 생겨 사자가 쓰러지게 되었다"는 열반송을 남기고 열반에 들었다.

## 김완규

金完圭, 1878. 8. 7~1948. 5. 25

천도교 측 민족대표로 기미독립선언서에 서명한 김완규는 1878년 서울에서 유복자로 태어났다. 할아버지와 홀어머니의 보살핌 속에 자란 그는 기질이 강골해서 '호랑이 도련님'으로 불렸다.

나라가 망할 때 한성부 주사였던 그는 일본총독부가 군수로 임명하자 불응하고 천도교에 입교한다. 1919년 3·1 독립운동 때 민족대표로 기미독립선언서에 서명하고 태화관 독립선언식에 참가한다. 행사가 끝난 뒤 일본경찰에 체포되어 3년간 옥고를 치른다. 출옥한 뒤 천도교 기관지 〈보성〉을 발간하고 일본의 비위를 거스르는 내용을 게재했다가 수차례 유치장 문턱을 넘나들었다. 해방 후 우익 반탁운동 단체인 '대한독립촉성국민회'에 참가했다. 1948년 병으로 타계했다.

## 김병조

金秉祚, 1877. 1. 10~1950. 9.

기독교 측 장로교파 민족대표로 기미독립선언서에 서명한 김병조는 1877년 평안북도 정주에서 태어났다. 한학을 익힌 그는 서당을 열어 학동들을 가르치기도 했다. 1909년 기독교에 입문했고, 서른아홉 살의 늦깎이로 평양신학교에 들어가 공부하고 목사가 된다.

1919년 2월 그는 양전백의 집에서 이승훈을 만나 3·1 독립운동에 민족대표로 참여한다. 태화관 독립선언식에 참석하지 않고 상하이로 망명해 민족대표 중 유일하게 체포되지 않는다. 상하이에서 임시정부에 합류했고, 《대동역사》와 《독립혈사》를 저술했다.

그는 일제의 폭압정치가 기승을 부리자 아예 정주의 묘두산에 은둔하기도 했다. 해방 후에는 조선민주당을 창당하며 반소련 비밀결사를 조직했다가 탄로나 체포되어 시베리아 유형을 살다가 1950년에 총살당했다.

**김창준**

**金昌俊**, 1890. 5. 23~1959. 9. 29

기독교 측 감리교파 민족대표로 기미독립선언서에 서명한 김창준은 1890년 평안남도 평양에서 태어났다. 1907년 기독교에 입교해, 숭실전문학교를 졸업했다. 일본에 유학해 아오야마학원青山學院을 수료하고 귀국해 협성신학교를 다녔고, 신학교를 졸업한 뒤 평양 북감리교 전도사로 활동했다.

3·1 독립운동에는 박희도의 권유로 참가해 태화관 독립선언식 뒤 체포되어 징역 1년 6월형을 선고받고 복역했다. 감옥에서 나온 뒤에는 기독교

복음 전파에 심혈을 기울이는 한편 협성신학교 강사를 지내기도 했다.

해방 후에는 1948년 제정당사회단체대표자 연석회의 참석차 북한에 갔다가 허헌, 홍명희 등과 함께 북한에 남은 것으로 알려졌다. 이후 북한에서 고위직을 지냈고, 1959년에 타계했다.

**권동진**

**權東鎭**, 1861. 12. 15~1947. 3. 9

천도교 측 민족대표로 기미독립선언서에 서명한 권동진은 1861년 경기도 포천에서 태어났다. 조선육군사관학교를 졸업하고 함안군수와 육군 참령을 지내다 개화당에 가입한다. 임오군란 때 일본으로 망명해 12년을 체류하면서 일본육군 대위까지 올랐다.

그는 도쿄에서 손병희와 친분을 나누며 지내다 손병희의 권유로 천도교에 입교했고, 손병희·오세창 등과 함께 진보회를 조직해 개화운동을 계속한다. 1907년 귀국 후에 대한협회에 참여했고, 3·1 독립운동에 초창기부터 참여해 태화관 독립선언식 뒤 체포되어 3년형을 선고받았다. 그 뒤 천도교 대표장로를 지내며 신간회에 참여하기도 했다.

1929년에는 광주학생운동 배후조종자로 체포되어 1년간 옥살이를 했으며, 1947년 노환으로 타계했다.

## 권병덕

權秉悳, 1868. 4. 25~1944. 9. 15

천도교 측 민족대표로 기미독립선언서에 서명한 권병덕은 1868년 충청북도 충주에서 태어났다. 동학에 입교했던 그는 동학혁명 때 손병희의 6만여 의병의 후군을 맡아 통솔했다. 이 전쟁에서 패하고 방랑하다 최시형을 만나 다시 동학 활동을 열심히 했고, 손병희가 천도교 체제를 정비할 때 대정 직을 맡아 힘을 합쳤다. 이후 천도교의 이문관장 겸 금융관장을 지냈고, 인쇄소 보문관 관정이 되었다.

1919년 태화관 독립선언식에 참가했다가 직후 체포되어 2년형을 선고받고 옥살이를 했다. 1921년에 천도교 종법사가 된 그는 천도교인대회 집행위원장, 도교 선도사를 지냈다. 1944년 지병으로 타계했다.

## 나용환

羅龍煥, 1864. 8. 7~1936. 8. 19

천도교 측 민족대표로 독립선언서에 서명한 나용환은 1864년 평안남도 중화군 상원면 장항리에서 태어났다. 어려서부터 한학을 공부했고 스물세 살 때 동학에 입교했다.

1894년 동학혁명 때 평안도 지역 동학군으로 참가했다. 이후 2대 동학 교주 최시형이 체포되어 처형되고 손병희가 3대 교주가 되어 천도교로 개칭해 포교를 확산할 때, 도사가 되어 민중교화사업에 힘을 쏟았다.

3·1 독립운동 때 태화관 독립선언식에 참가했다가 일본경찰에 붙잡혀 2년형을 선고받아 복역했다. 감옥에서 나온 뒤에는 천도교 도사로 천도교 일에 열심히 활동하는 한편, 1926년에는 천도교 교육을 담당하는 경성시일학교를 세우고 교장에 취임했다. 1936년에 지병으로 별세했다.

## 나인협

**羅仁協, 1872. 10. 8~1951. 4. 16**

천도교 측 민족대표로 기미독립선언서에 서명한 나인협은 1872년 평안남도 성천에서 태어났다.

그는 열아홉 살에 동학에 입교해 이웃 중화군에 사는 나용환과 친분을 나눴다. 동학혁명이 일어나자 나용환과 더불어 적극 참가해 지도적 역할을 한다. 그 후 천도교 도사가 되어 십수 년 동안 천도교 포교와 민중교화운동에 전념했다.

3·1 독립운동 때는 1919년 2월 27일 최린과 오세창을 비롯한 인사들이 회합할 때 함께 참여해 기미독립선언서 초안을 보고 찬동하여 서명 날인했다. 태화관 독립선언식 직후 일본경찰에 붙잡혀 2년형을 선고받고 복역했다.

출옥 후에는 천도교 포교와 민중교화운동에 적극 나섰으며, 한국전쟁 때 월남했다가, 1951년 노환으로 별세했다.

## 박동완

朴東完, 1885. 12. 27~1941. 2. 23

기독교 측 감리교파 민족대표로 기미독립선언서에 서명한 박동완은 1885년 경기도 포천에서 태어났다.

그는 다섯 살부터 독선생을 집안으로 들여 한문을 공부했다. 한성외국어학교에 다니다 1911년 학교가 폐쇄되자 배재학당으로 옮겨 졸업한다.

배재학당을 다닐 때 기독교에 입문했고, 학교를 졸업한 뒤 정동제일교회 전도사로 활동했다. 그러다 감리교와 장로교가 함께 설립한 기독교신보사 서기를 지내면서 조선중앙YMCA 위원으로도 활동했다.

박희도의 권유로 3·1 독립운동에 참여했고, 태화관 독립선언식 직후 체포되어 2년형을 선고받고 복역했다. 1931년 만보산 사건이 일어나자 한·중 양국 국민의 융화에 힘썼다. 이 사건 후 일제에 요시찰 인물로 낙인찍히자 하와이로 가서 목사로 재직하면서 〈한인기독교보〉를 창간했다. 1941년 병으로 세상을 떠났다.

**박준승**

朴準承, 1866. 11. 24~1921. 3. 23

천도교 측 민족대표로 기미독립선언서에 서명한 박준승은 1866년 전라북도 임실에서 태어났다.

그는 1891년에 스스로 임실군 천도교에 입교해 전라도 일원 포교에 성심을 다하여 임실접주로부터 수접주에 선임되었다.

1919년 2월 7일 손병희에게 거사 계획을 전달받고 전라도 지역의 선전 책임을 맡는다. 2월 25일 다시 손병희의 부름을 받고 서울로 올라와, 2월 27일 인쇄된 기미독립선언서를 수령해 함께 상경한 교도들에게 나눠주면서 3월 1일 자정을 기해 각 지역에 배부하라고 지시했다.

그는 서울에 남아 28일 최종 점검회의에 참가했고, 태화관 독립선언식 직후 체포되어 2년형을 선고받고 서대문형무소에서 복역하던 중 1921년 3월 23일 옥사했다.

**박희도**

朴熙道, 1889. 8. 11~1952. 9. 25

기독교 측 감리교파 민족대표로 기미독립선언서에 서명한 박희도는 1889

년 황해도 해주에서 태어났다.

숭실전문학교와 감리교신학교를 나온 그는 중앙유치원을 설립하여 육영사업에 나서는 한편 YMCA 간사로 일하면서 반일사상을 쌓았다.

1919년 3·1 독립운동 당시에는 이갑성과 함께 최연소자로 독립선언서에 서명하는데, 이필주 등 감리교파 인사들이 참여하도록 하는 데 중요한 역할을 했다. 태화관에서 선언식 직후 체포되어 2년형을 선고받고 서대문형무소에서 복역했다.

출옥 후 잡지 〈신생활〉을 창간했고, 1922년에 러시아 10월 혁명 5주년 기념 기사를 실었다가 체포되어 2년간 복역했다. 그러다 1934년 친일 잡지 〈동광〉을 발간하면서 친일의 길을 걷는다. 1952년 병으로 타계했다.

## 신석구

申錫九, 1875. 6. 6~1950. 10. 10

기독교 측 감리교파 민족대표로 기미독립선언서에 서명한 신석구는 1875년 충북 청주에서 태어났다. 일찍 부모를 여의고 20대 후반에 기독교에 입문한 그는 협성신학교를 졸업하고 경기도와 강원도 등지에서 전도사로 활동하다 목사가 된다.

1919년 2월 12일경 오화영을 통해 천도교와 기독교의 연합 소식을 전해 듣고 그것이 과연 옳은 일이지 고민되어 즉답을 피했다. 하지만 대의를 생각하여 참가한다.

태화관 독립선언식 직후 체포되어 2년 6개월형을 선고받고 복역했다. 조선총독부의 창씨개명을 거부했고, 신사 참배와 전승 기원 예배도 매번 거부했다. 해방 후에는 '반동비밀결사' 고문으로 추대되었던 것이 문제가 되어 체포당해 평양형무소에서 10년형을 살다 한국전쟁 때 총살당했다.

## 신홍식

申洪植, 1872. 3. 1~1937. 1. 27

기독교 측 감리교파 민족대표로 기미독립선언서에 서명한 신홍식은 1872년 충북 청주에서 태어났다.

1904년 북감리교계 교회를 통해 기독교에 입교해 1906년 세례를 받았다. 협성신학교를 졸업하고 나서 공주감리교회에서 목사 생활을 시작했고, 1917년 평양 남산현교회로 옮겨 전도에 심혈을 기울였다.

1919년 2월 14일경 이승훈이 평양에 와서 길선주 목사를 만나 서울의 독립운동 소식을 전하자 그 자리에서 참가 의사를 밝히고, 2월 20일 박희도의 집에서 열린 모임에 참석했다.

태화관 독립선언식 직후 일본경찰에 체포되어 2년 6개월형을 선고받고 복역했다. 출옥 후 인천 내리감리교회 목사와 원주 지방 감리사로 활동했다. 1937년 병으로 타계했다.

**양전백**

梁甸伯, 1869. 3. 10~1933. 1. 17

기독교 장로교파 민족대표로 기미독립선언서에 서명한 양전백은 1869년 평안북도 의주에서 태어났다. 1894년에 기독교에 입문해 전도사로 활동하다 서른이 넘어 평양신학교를 다녔다. 이 신학교를 1회로 졸업하고 한국 최초의 장로교 목사 일곱 명 중 한 사람으로 목사가 되었다. 기독교 측의 대표격인 길선주가 평양신학교 동기생이다.

그는 선천북교회를 맡아 목회를 하는 한편, 양로원·고아원·학교를 설립해 사회사업과 교육사업에도 적극 나서 평양의 안창호, 정주의 이승훈과 함께 평안도 지역의 대표적인 기독교 사업가가 된다. '105인 사건'에 연루되어 6년형을 선고받았고, 이승훈의 권유로 기미독립선언서에 서명, 태화관 독립선언식 직후 체포되어 2년형을 선고받았다. 1933년 병으로 타계했다.

**양한묵**

梁漢默, 1862년 4월 29일(음)~1919년 5월 26일

천도교 측 민족대표로 참가한 양한묵은 1862년 전라남도 화순에서 태어났다. 어려서는 유학과 불교, 기독교 등에도 관심이 많았다.

그는 능주 세무서의 세무관리로 일하다 그만두고 일본을 여행하다 손병희와 오세창, 권동진 등을 만나 천도교에 입교했다.

친일 단체 일진회에 맞서 이준, 윤호정 등과 함께 헌정연구회를 조직해 활동하고, 손병희가 귀국해서 천도교를 정비하자 집강진리과장으로 봉직했다. 천도교의 보성전문학교와 보성중학교, 동덕여학교 운영에 적극 동참했다.

3·1 독립운동 때 손병희를 보필해 활동했고, 민족대표 33인 중 한 명으로 독립선언서에 서명했다. 태화관 독립선언식 직후 체포되어 3년형을 선고받고 복역하던 중 서대문형무소에서 고문에 시달리다 1919년에 옥사했다.

## 오세창

**吳世昌, 1864. 8. 6~1953. 4. 16**

천도교 측 민족대표로 기미독립선언서에 서명한 오세창은 1864년에 역관이자 개화당 지식인인 오경석의 아들로 태어났다.

그는 1879년 통역관 시험인 역과에 합격해 역관이 되었고, 1885년 박문국 주사시보를 거쳐 1886년 박문국 주사로서 관보인 〈한성주보〉 기자가 되었다. 이후 군국기무처, 농상공부 참의, 우정국 통신국장을 지냈다.

개화당 사건 때 화를 피해 일본으로 망명했다가 손병희와 양한묵을 만나 천도교에 입교한 그는 개화에는 찬성하되 일본과의 합병에 반대하는, 이른바 문명개화파의 대표적인 인물로 꼽힌다. 한일합병 후 남작 작위와 은사금이 내려졌지만 거절했다.

3·1 독립운동에는 기획부터 깊숙이 관여했고, 이종일을 설득해 참여시키기도 했다. 태화관 독립선언식 직후 체포되어 징역 3년형을 선고받고 2년여 동안 복역했다. 1953년 병으로 타계했다.

**오화영**

**吳華英**, 1880. 4. 5.~1960. 9. 2

기독교 측 감리교파 민족대표로 기미독립선언서에 서명한 오화영은 1880년 황해도 평산에서 태어났다.

그는 열여덟 살 때 만주로 갔다가 귀향해 동학에서 기독교로 개종했다. 협성신학교를 졸업한 뒤 감리교 목사가 되었고, 광성학교 부교장에 취임해 육영사업에도 나섰다.

신석구의 적극적인 권유로 3·1 독립운동에 참여한 그는 태화관 독립선언식 직후 체포되어 2년형을 선고받고 복역했다. 출옥 후 신간회에 가입해 민족주의자들을 통합하는 데 힘을 보탰다. 1929년 광주학생운동과 흥업구락부 사건에 연루되어 체포되기도 했다.

해방 후에는 건국준비위원회 위원, 조선민족당 당수로 추대되었고, 반탁운동에도 뛰어들었다. 한국전쟁 때 납북되었다가 1960년에 사망한 걸로 국내 언론에 보도된 바 있다.

## 유여대

劉如大, 1878. 11. 26~1937. 1. 13

기독교 장로교 측 민족대표로 기미독립선언서에 서명한 유여대는 1878년 평안북도 의주에서 태어났다. 23세에 선교사를 통해 기독교에 입교했고, 33세에 평양신학교에 들어가 졸업 후 의주 동교회에서 목사로 시무했다.

1919년 2월 양전백의 집에서 이승훈 등과 함께 독립운동 논의에 참석했고, 이때 서명용 도장을 아예 이명룡에게 맡겼다. 태화관 독립선언식에는 참석하지 않고 대신 의주의 독립만세시위를 주도했으며, 고종 인산날인 3일 망배식을 하기 위해 다시 시위가 일어났는데 그때 체포되어 2년의 옥고를 치렀다.

《면무식》을 비롯해 《위인기담》, 《강도열전》을 썼다. 1937년 아들 삼 형제를 불러놓고 '생명유도生命有道'라는 네 글자를 유언으로 남기고 영면했다.

## 이갑성

李甲成, 1889. 10. 23~1981. 3. 25

기독교 감리교파 민족대표로 기미독립선언서에 서명한 이갑성은 1889년 경상북도 대구에서 태어났다.

그는 기독교에 입교했다는 이유로 집에서 쫓겨나 걸어서 서울로 올라와 당시 남대문교회 전도사였던 함태영의 집에 기거했다. 1906년 한 선교사의 추천으로 언더우드 목사를 만나 경신학교에 입학했고, 세브란스 의학전문학교에 진학해 약학을 전공했다.

1918년 말 기독교 인사들과 독립운동을 계획하던 중 2월 20일 함태영의 집 회합에 참여했고, 따로 독립운동을 하겠다는 학생들을 천도교와 기독교가 추진하는 3·1 독립운동에 함께 참여하도록 설득했다.

태화관 독립선언식 후 조선총독부에 기미독립선언서와 청원서 등을 제출하러 갔다가 체포되어 2년 6개월형을 선고받았다. 1920년 3월 1일 오화영과 함께 감옥에서 기념만세 부르기를 주도하다 벌감에 유치되고 모진 고문을 당했다. 신간회·흥업구락부 등에서 활동했고, 1981년에 별세했다.

## 이명룡

**李明龍, 1873 8. 2~1956. 11. 12**

기독교 장로교파 민족대표로 기미독립선언서에 서명한 이명룡은 1873년 평안북도 철산에서 태어났다.

1892년 기독교에 입문한 그는 육영사업에 나서는 한편 혁신운동에도 참여했다. 정주상업회의소 소장일 때 동양척식회사가 한국인의 토지를 매점하자 이에 맞서 싸웠고, '105인 사건'에 연루되어 3년간 옥고를 치르기도 했다.

기미독립선언 때 최남선과 이승훈의 권유를 받고 기독교 대표로 참가해, 태화관 독립선언식 직후 체포되어 2년형을 선고받고 복역했다. 해방 후에는 조만식의 조선민주당에 참여하다, 반공주의 운동을 펼치던 둘째아들이 체포된 뒤 실종되자 1947년 남쪽으로 내려와 여러 사회단체에서 활동했다. 1956년에 타계했다.

**이승훈**

**李昇薰**, 1864. 3. 25~1930. 5. 9

기독교 장로교파 대표로 독립선언서에 서명한 이승훈은 기독교과 천도교의 연합을 이끌어내는 데 결정적인 역할을 했다. 1864년 평안북도 정주에서 태어나 부모를 일찍 여의었다. 청년 시절에 놋그릇 장사를 하여 전국의 물가까지 좌우하는 큰 거상이 되었는데, 직원들을 신분이나 계급에 상관없이 평등하게 대했다.

만민공동회에서 안창호 선생의 연설을 듣고 감명받은 그는 교육사업에 뛰어들어 감명의숙과 오산학교를 세운다. '105인 사건' 때 변장하고 도망가다 잡혀 10년형을 선고받고 복역하던 중 감옥에서 기독교에 입교했다. 1915년 2월 가출옥하여 오산학교에 돌아왔고, 52세 때 평양신학교에 입학했다. 태화관 독립선언식 직후 체포되어 3년형을 선고받았으며, 1930년 자신의 몸을 생리학 표본으로 삼아달라는 유언을 남기고 타계했다.

## 이종일

李鍾一, 1858. 12. 10~1925. 8. 31

천도교 측 민족대표로 참가했던 이종일은 1858년 충남 태안에서 태어났다. 정3품 의관직까지 올랐던 그는 박영효의 사절단을 따라 일본에 다녀오면서 개화와 실학에 관심을 가졌다. 손병희를 통해 천도교에 입교했고, 한일병탄 이후에는 천도교의 인쇄소인 보성사의 사장을 맡았다. 3·1 독립운동 때는 기미독립선언서 인쇄와 배포를 담당하였다.

태화관 독립선언식 직후 체포되어 3년형을 선고받았다. 출옥하자마자 그는 1922년 3월 1일에 독립선언 3주년 기념식을 계획하고 '자주독립선언문'을 작성했으나 일본경찰에 발각되고 말았다. 1925년 오세창과 권동진이 지켜보는 가운데 자택에서 타계했다.

## 이종훈

李鍾勳, 1858 2. 9~1932. 5. 2

천도교 측 대표로 기미독립선언서에 서명한 이종훈은 1858년 경기도 광주에서 태어났다. 사업가이자 개화파 기독교인인 윤치소(윤보선 전 대통령의 아버지)의 조카와 결혼했다.

20대에 동학에 입교해 동학혁명이 일어나자 손병희와 함께 북접군으로 참가했으며, 1898년 동학 2대 교주 최시형이 교수형을 당하자 시신을 비밀리에 빼내어 광주에 안장했다. 1902년 손병희 등과 함께 일본으로 망명하여 그곳에서 권동진, 오세창 등과 사직의 안위와 국가의 혼란을 통탄하며 구국의 방법에 대해 고민했다.

1904년 그의 큰아들이자 손병희의 맏사위인 관영이 이완용의 집에 불을 지르고 도주하자 경찰에 체포되어 심한 고문을 받았다. 그 후 큰아들은 의병장으로 일본군과 싸우다 총탄에 맞아 사망했다.

태화관 독립선언식 직후 붙잡혀 2년형을 선고받았다. 출옥한 뒤 만주로 가서 계속 독립운동을 하다가, 1932년 고문 후유증으로 타계했다.

**임예환**

林禮煥, 1865~1949

천도교 측 민족대표로 기미독립선언서에 서명한 임예환은 1865년 평안남도 중화에서 태어났다. 1888년 동학에 입교했고, 동학혁명에 참가했다.

일본의 조선 강제합병을 계기로 천도교 내에서 반일파와 친일파가 대립할 때 그는 반일파에서 섰던 손병희의 노선을 지지했으며, 민중 계도에 적극 나섰다. 특히 일반 민중에게 배일사상을 고취시키고 민족의식과 애국사상 배양하는 데 힘썼다.

1919년 2월 25일 경성부에서 손병희, 권동진, 오세창을 만나 3·1 독립운동에 참가하기로 하고 독립선언서에 서명했다. 태화관 독립선언식 직후 일본경찰에 붙잡혀 징역 2년형을 선고받고 복역했다. 출옥한 뒤 해방될 때까지 항일운동을 계속했고, 1949년에 타계했다.

**정춘수**

**鄭春洙, 1875 2. 11~1951. 10. 27**

기독교 측 감리교파 민족대표로 기미독립선언서에 서명한 정춘수는 1875년 충북 청주에서 태어났다. 원산에서 미국인 선교사의 전도로 기독교에 입문한 뒤 협성신학교를 졸업하고 감리교 목사가 되어 전국을 순회했다.

박희도의 권유를 받고 3·1 독립운동에 참가한 그는 원산에서 지역 만세운동을 주도하느라 뒤늦게 기차 편으로 상경하는 바람에 태화관 독립선언식에는 참가하지 못했다.

그는 상하이 독립운동가들과의 연락 임무를 띠고 변장해서 출국하려다 일본경찰에 붙잡혀 1년 6개월형을 선고받았다. 출옥 후 흥업구락부 사건으로 검거되었다가 친일로 전향했다. 해방 후에는 천주교로 개종했고, 1951년에 타계했다.

## 최린

崔麟, 1878. 1. 25~1958. 12. 4

천도교 측 민족대표로 기미독립선언서에 서명한 최린은 1878년 함경남도 함흥에서 태어났다. 그는 1902년 일본육군사관학교 출신 한국인 모임인 일심회에 가입했다가 일심회 관련자에 대한 내사가 시작되자 3월에 일본으로 피신한다. 그러다 7월에 귀국해 외부(외국과의 교섭, 통상을 맡던 관청) 주사가 되었다.

1904년 황실 유학생으로 선발되어 일본 도쿄부립제일중학교에 다니던 중 조선인에게는 교육이 불필요하다는 교장의 말에 분개해 동맹휴교를 주도했다가 퇴학당한다. 1905년에는 훗날 2·8 독립선언서의 발표 주체가 되는 일본유학생회를 조직했다.

1910년 도쿄에서 손병희의 권유로 천도교에 입교했고, 1911년 보성고등보통학교 교장에 취임, 신민회에 가입해 활동했다. 1918년부터 천도교의 독립운동 논의에 참여했으며, 기미독립선언서를 기초할 인물로 최남선을 추천했다. 태화관 독립선언식 직후 체포되어 3년형을 선고받았다.

출옥한 뒤에는 일제의 자치론에 경도돼 친일로 전향하고, 해방 전까지 친일 활동을 했다. 한국전쟁 중 납북되어 1958년 12월 타계했다.

**최성모**

**崔聖模**, 1873. 1. 9~1937. 3. 14

기독교 측 감리교파 민족대표로 기미독립선언서에 서명한 최성모는 1873년 서울에서 태어났다. 황해도 해주 출생이란 설도 있는데, 아마 해주는 그의 부친 고향인 듯하고, 그의 성장 과정에 대해서는 알려진 바가 없다.

협성신학교를 졸업하고 목사가 된 그는 목사로 봉직하면서도 민중을 계몽해 민족정신을 일으켜야 한다는 신념으로 다양한 활동을 전개했다.

3·1 독립운동 당시에는 황해도 해주에서 목회활동을 하고 있었고, 2월 27일 김상규의 집에서 기미독립선언서에 서명했다. 태화관 독립선언식 직후 체포되어 2년형을 선고받고 서대문형무소에서 복역했다.

출옥 후에도 그는 목사로서의 역할을 충실히 수행하면서 계속 항일운동을 하다가 1937년 타계했다.

**한용운**

**韓龍雲**, 1879. 8. 29~1944. 6. 29

불교 측 민족대표로 기미독립선언서에 서명한 한용운은 1879년 충청남도 홍성에서 태어났다. 열여섯 살에 가출해 동학에 가담했다가 실패하자 1896

년 설악산 오세암에 수년간 머무르며 불경을 공부하는 한편, 책을 통해 서양의 근대사상을 접했다. 이 무렵 다른 세계에 대한 관심으로 연해주와 만주 등을 돌아다니기도 했다.

그러다 1905년 아버지가 의병에 의해 살해되자 충격을 받고 다시 설악산에 들어가 백담사에서 연곡 스님을 은사로 정식 출가해 승려가 되었다.

1917년 조선불교회 회장이 된 그는 본격적으로 항일운동을 하기 시작했고, 1918년 청년계몽운동지인 불교잡지 〈유심〉을 창간했다.

3·1 독립운동 때 태화관 독립선언식에서 인사말을 했으며, 행사 직후 체포되어 3년형을 선고받았다. 그는 1926년 《님의 침묵》을 출판하면서 저항문학에도 앞장섰다. 1944년 심우장에서 열반에 들었다.

**홍기조**

洪基兆, 1865 12. 6~1938. 7. 6

천도교 측 민족대표로 기미독립선언서에 서명한 홍기조는 1865년 평안남도 용강에서 태어났다. 스물두 살 때 동학에 입교한 그는 최시형 교주로부터 친명을 받고 손병희의 팔다리와 같은 제자로 인정받았다.

1894년 동학혁명 때는 관서지방의 동학 교도들을 이끌고 직접 참가했다. 당시 관군이 집을 불태우고 가족들을 체포하려고 하자 가족들은 뿔뿔이 흩어지고, 그는 밤중에 관군의 추격을 받는다. 그때 까치 한 쌍이 길을 인도해 무난히 친구 집을 찾아갔다는 얘기가 전해진다.

3·1 독립운동 때에는 천도교 업무와 관련해 서울에 왔다가, 손병희 등의 권유로 기미독립선언서에 서명했고, 태화관 독립선언식 직후 체포되어 3년형을 선고받았다. 출옥한 뒤에는 일제의 탄압이 심해져 낙향했다가 1938년에 병으로 타계했다.

**홍병기**

**洪秉箕, 1869. 11. 5~1949. 1. 26**

천도교 측 민족대표로 기미독립선언서에 서명한 홍병기는 1869년 경기도 여주에서 태어났다. 그는 1887년에 무과에 급제하여 1890년까지 3년간 세자익위사(왕세자 호위를 맡던 관청)에서 조선군 하급 무관으로 활동했다.

1892년 동학에 입교해 1894년 손병희를 따라 동학혁명에 참여한다. 이후 일본에 건너가 그곳에 망명해 있던 손병희의 지시를 받고 갑진개화운동(동학 신도들이 전국적으로 추진한 대문화혁신 운동)에도 참여한다.

3·1 독립운동 때는 천도교 측 민족대표로 자진 참여해 기미독립선언서에 서명했다. 태화관 독립선언식 직후 붙잡혀 2년형을 선고받았다. 출옥 후에도 계속 항일운동을 하다 또다시 체포되어 2년간 옥고를 치렀다.

해방 후에는 조용히 집에 칩거하고 지내다가 1949년 트럭에 치여 불귀의 객이 되었다.

# 기미독립선언서의 정신과 내용

시냇물이 모여 강물이 이루어지듯, 기미독립선언서는 온 민족의 의지를 하나로 응축해내는 깃발이었다. 온 겨레가 한마음으로 전국 방방곡곡에서 "대한독립 만세!"를 외치게 하는 함성이었다. 그리고 우리 민족이 반드시 이루어내야 할 소망이었다.

그런 기미독립선언서는 어떤 정신과 내용을 담고 있을까?

우리는 앞에서 기미독립선언서를 읽어본 바 있다. 그런데 그 뜻을 쉽게 이해할 수 있던가? 아마도 우리들 대부분은 읽는 것조차 버거웠을 것이다. 기미독립선언서가 한문 투의 문장이라 읽기는 물론 해독하기가 결코 만만치 않다. 기미독립선언서에 나오는 낱말의 뜻을 묻는 시험문제까지 출제될 정도다.

그럼에도 우리는 기미독립선언서가 담고 있는 정신을 살피고 그 내용도 잘 알아야 한다. 이유는 굳이 설명하지 않아도 될 것이다.

기미독립선언서는 크게 세 단락으로 구분된다. 가장 일반적인 구성이라고 할 수 있는 '서론-본론-결론'에다 '공약삼장'을 추가한 형태다.

서론에서는 독립을 선언함과 동시에 독립선언의 취지와 정당성에 대해 말하고, 본론에서는 일제 강점하의 민족적 피해와 독립 쟁취의 필요성과 신념, 독립의 의의를 담고 있다. 그리고 결론에서는 독립 기운의 도래와 우리의 결의를 드러낸다.

기미독립선언서는 첫 줄에 선언하고자 하는 목적과 내용, 그리고 정신이 모두 담겨 있다. 일단 첫 줄을 읽어보자.

> 오등吾等은 자玆에 아我 조선朝鮮의 독립국獨立國임과 조선인朝鮮人의 자주민自主民임을 선언宣言하노라.

이 한 문장에는 다른 사족이 필요 없어 보인다. 우리 조선은 '독립국'이고, 조선인은 '자주민'이라고 분명하게 '선언'하는데, 덧붙일 말이 더 필요하겠는가. 사실 이어지는 다른 구절들은 모두 이 첫 줄의 의미를 보다 명확하게 하고, 분명히 인식시키기 위한 역할을 한다고 해도 틀린 말이 아니다. 그러면서 기미독립선언서는 지금 우리가 왜 독립선언을 하는 것인지, 그 이유를 분명하게 드러낸다.

> 차此로써 세계만방世界萬邦에 고告하야 인류평등人類平等의 대의大義를 극명克明하며, 차此로써 자손만대子孫萬代에 고誥하야 민족자존民族自存의 정권正權을 영유永有케 하노라.

우리나라가 독립국임과 우리 민족이 자주민임을 선언하는 것이 그냥 하는 수사가 아니라 인류 평등의 큰 원칙에 따르는 것이고, 또 우리 민족의 정당한 권리를 영원히 갖기 위함이라고 강조한다.

그러고 나서 기미독립선언서는 우리가 독립을 선언하는 배경에 대해 말한다. 우리는 반만년의 역사를 갖고 있기도 하거니와, 이천만 민족의 충성을 모아 민족의 영원한 자유 발전을 위하는 것이 우리의 이기심의 발로가 아니라 양심에 뿌리박은 것이며, 변화하는 세계에 순응하며 함께 나아가려는 것이라고 말한다.

이로써 서론이 끝난다. 이어 본론은 구시대 유물인 일본의 침략주의를 겪은 지도 십 년이나 지났음을 얘기하며 시작한다.

> 구시대舊時代의 유물遺物인 침략주의侵略主義, 강권주의强權主義의 희생犧牲을 작作하야 유사 이래有史以來 누천년累千年에 처음으로 이민족異民族 겸제箝制의 통고痛苦를 상嘗한지 처음으로 십 년十年을 과過한지라.

기미독립선언서는 일본의 침략으로 민족의 생존권이 위협받고, 또 심리적으로 위축돼 결국 민족의 존영이 훼손됐을 뿐만 아니라, 세계 문화에 기여할 기회마저 잃었다고 개탄한다. 상황이 이러하니 우리는 이 억울함을, 고통을, 위협을 없애고 나아가 민족적 양심과 국가적 의리를 지키기 위해 떨치고 일어나니, 그 누구도 어떤 강자라도 이 의지를 꺾을 수 없다고 외친다. 우리는 무슨 뜻이라도 펼칠 수 있다고 강한 의지를 드러낸다.

그리고 기미독립선언서는 우리가 어떤 자세로 임할 것인지에 대해 밝힌다. 우리는 금석 같은 약속을 어긴 일본의 믿음 없음을 단죄하려는 것이 아니고, 우리나라를 식민지로 삼고 우리 민족을 미개인으로 대하는 일본의 속 좁음을 책망하려는 것이 아니라고 했다. 다만 우리는 남의 허물을 원망하거나 탓할 여유가 없으니, 일본을 탓하려는 것이 아니라 우리 자신을 돌아보기 위함이라고 말한다. 그러면서 "낡은 사상과 묵은 세력에 얽매여 있는 일본 정치가들의 공명에 희생된, 불합리와 부자연에 빠진 어그러진 상태를 바로잡아 고쳐서, 자연스럽고 합리적인, 올바르고 떳떳한, 큰 근본이 되는 길로 돌아오게 하고자 한다"고 했다.

그러면서 기미독립선언서는 경고한다. 두 나라 병합이 "위압으로 유지하려는 일시적 방편과 민족 차별의 불평등과 거짓 꾸민 통계숫자에 의해 서로 이해가 다른 두 민족 사이에 영원히 함께 화합할 수 없는 원한의 구덩이"를 더 깊게 만든다고. 그래서 묵은 잘못을 고치고 참된 이해와 동정에 기반을 두고 우호적인 새로운 판국을 타개하는 것이 서로 간에 화를 쫓고 복을 불러들이는 지름길이라고 했다.

> 또, 이천만二千萬 함분축원含憤蓄怨의 민民을 위력威力으로써 구속拘束함은 다만 동양東洋의 영구永久한 평화平和를 보장保障하는 소이所以가 안일 뿐 안이라, 차此로 인因하야 동양안위東洋安危의 주축主軸인 사억만四億萬 지나인支那人의 일본日本에 대對한 위구危懼와 시의猜疑를 갈수록 농후濃厚케 하야, 그 결과結果로 동양東洋의 전국全局이 공도동망共倒同亡의 비운悲運을 초치招致할 것이 명明하니……

또한 우리 이천만 민족에 대한 구속은 동양의 영구 평화를 위한 길이 아니고 4억 인구의 중국에도 영향을 끼쳐 동양이 모두 망하는 비참한 운명에 처한다고 경고한다. 그러므로 일본은 그릇된 길에서 벗어나 세계평화와 인류행복을 위한 일에 나서야 한다고 한다. 이것이 어찌 우리의 사소한 감정상의 문제이겠느냐고 독립선언서는 반문한다.

> 아아, 신천지新天地가 안전眼前에 전개展開되도다. 위력威力의 시대時代가 거去하고 도의道義의 시대時代가 내來하도다.

이렇게 독립선언서는 차분한 어조로 "새로운 시대가 눈앞에 펼쳐졌다"며, 위력의 시대가 가고 도의의 시대와 왔음을 알린다. 그리고 바

뀐 세계 조류에 편승하는 것을 아무도 주저하지 않고 또 거리낄 것도 없다고 한다. 그러면서 우리가 본디부터 갖고 있던 권리를 지켜 생명의 왕성한 번영을 누릴 것이라고 천명한다.

이제 독립선언서는 결론으로 치닫는다.

> 오등吾等이 자玆에 분기奮起하도다. 양심良心이 아我와 동존同存하며 진리眞理가 아我와 병진幷進하는도다. 남녀노소男女老少 업시 음울陰鬱한 고소古巢로서 활발活潑히 기래起來하야 만휘군상萬彙群象으로 더부러 흔쾌欣快한 부활復活을 성수成遂하게 되도다. 천백세千百世 조령祖靈이 오등吾等을 음우陰佑하며 전 세계全世界 기운氣運이 오등吾等을 외호外護하나니, 착수着手가 곧 성공成功이라. 다만 전두前頭의 광명光明으로 맥진驀進할 따름인뎌.

기미독립선언서는 "우리는 떨쳐 일어난다"며 우리 민족의 결의가 무엇인지 밝힌다. 삼라만상과 함께 유쾌한 부활을 이루고자 하는데, 조상의 신령과 세계가 우리를 돌보고 있으므로 시작이 곧 성공이라고 한다. 그리고 앞길의 광명을 향하여 힘차게 곧장 나갈 뿐이라고 선언하고 끝을 맺는다.

그리고 공약삼장을 덧붙이고 있다. 전문을 읽어보자.

> 一. 금일今日 오인吾人의 차거此擧는 정의正義, 인도人道, 생존生存, 존영

尊榮을 위爲하는 민족적民族的 요구要求이니, 오즉 자유적自由的 정신精神을 발휘發揮할 것이오, 결決코 배타적排他的 감정感情으로 일주逸走하지 말라.

一. 최후最後의 일인一人까지, 최후最後의 일각一刻까지 민족民族의 정당正當한 의사意思를 쾌快히 발표發表하라.

一. 일체一切의 행동行動은 가장 질서秩序를 존중尊重하야, 오인吾人의 주장主張과 태도態度로 하야금 어대까지던지 광명정대光明正大하게 하라.

이 공약삼장은 첫 번째 장에서 지금까지 주장해온 기미독립선언서를 단 한 문장으로 요약한다. 오늘 우리가 이렇게 떨쳐 일어난 것은 정의, 인도, 생존, 존영을 위한 민족적 요구이므로 배타적 감정이 아닌 오직 자유적 정신을 발휘함이라고 했다.

이어 두 번째 장에서는 이 거사를 치르는 우리의 각오를 다진다. "최후의 일인까지, 최후의 일각까지"라는 이 문장은 2·8 독립선언서에서 가져온 표현으로 보이는데, 우리의 결의를 이보다 더 절실하고 결기 가득하게 표현할 수 있을까 싶다. 이 표현은 우리 민족의 독립운동에서 거의 신념처럼 받아들여졌고, 이후에 발표되는 거의 모든 독립선언서에서 인용될 만큼 명문으로 꼽힌다.

그러면서 공약삼장의 마지막 장은 무력투쟁을 선언했던 대한독립선언서와 달리 비폭력투쟁을 전개할 것을 주문한다.

그렇다면 독립선언서가 담고 있는 정신은 무엇일까? 2017년 5월 23일 '3·1 독립운동 100주년 기념사업추진위원회' 주최로 국회도서관 강당에서 열린 〈기미년 독립만세운동, 민족대표와 민중들은 독립선언과 독립만세를 어떻게 외쳤나〉라는 주제의 학술회의에서 한 역사학자 윤경로(전 한성대 총장)의 '3·1 독립만세운동의 역사성과 현재성'이라는 기조연설을 참고하여 독립선언서가 담고 있는 정신을 살펴본다.

■ 기미독립선언서의 5가지 정신

- 자주독립 정신
- 자유 민주 정신
- 인류 공영의 평화 정신
- 민족이 나아갈 꿈과 비전
- 혁명 정신

이 발표문에 따르면 기미독립선언서는 다섯 가지 정신을 담고 있다.

첫째, 자주독립정신이다.

독립선언서의 첫 대목 "오등吾等은 자玆에 아我 조선朝鮮의 독립국獨立國임과 조선인朝鮮人의 자주민自主民임을 선언宣言하노라"라는 첫 구절이 보여주듯, 3·1 독립운동이 추구한 주된 이념과 정신은 '자주와 독립'이다. 이는 대내외적으로 일제의 식민 지배에서 벗어나 한민족의 자주성과 독립성을 회복하는 것을 제일의 목적으로 삼았음을 알 수 있다.

둘째, 자유민주정신이다.

"항구여일恒久如一한 자유발전自由發展을 위爲함"이며 "오직 자유적自由的 정신精神을 발휘發揮할 것"이라는 구절에서 알 수 있듯이, 자주독립국을 세우는 것이 근본 목적이었다. 특히 "아我의 고유固有한 자유권自由權을 호전護全하야 생왕生旺의 낙樂을 포향飽享할 것"이라는 문구를 통해 자유롭고 민주적인 이념을 제일의 정신으로 삼았다. 이는 백성이 나라의 주인인 민주사회, 곧 주권재민主權在民의 민주주의 국가를 건설해야 한다는 정신을 담고 있다.

셋째, 인류공영의 평화정신을 담고 있다.

독립선언서는 "조선의 독립이 조선만이 아니라 일본이 그릇된 길에서 벗어나게 하는 것이며 중국 또한 몽매한 불안과 공포로부터 벗어나 동양평화東洋平和로 중요重要한 일부一部를 삼는 세계평화世界平和, 인류행복人類幸福에 필요必要한 계단階段이 되게 하는 것"이라고 했다. 이는 한·중·일 3국이 동양평화를 이룰 때 세계평화와 인류행복, 곧 인류공영의 평화 시대가 온다는 것을 강조했다.

넷째, 우리 민족이 나아갈 꿈과 비전을 담고 있다.

"아아 신천지新天地가 안전眼前에 전개展開되도다. 위력威力의 시대時代가 거去하고 도의道義의 시대時代가 내來하도다…… 바야흐로 신문명新文明의 서광曙光을 인류人類의 역사歷史에 투사投射하기 시始하도다"

라는 구절을 보면 알 수 있듯, 독립선언서는 우리 민족이 앞으로 나아갈 희망과 꿈과 비전을 제시해주고 있다. 그리고 남녀노소를 불문하고 함께 부활의 빛을 향해 나가자는 호소를 통해 새 시대를 향해 한민족 구성원 전체를 하나로 묶어내고 고무시킨다.

### 다섯째, 혁명정신을 담고 있다.

1919년 4월 중국 상하이에서 태동된 대한민국 임시정부 임시헌장에서는 "대한민국은 민주공화제로 함"이라고 하여 국호는 '대한민국大韓民國', 정체는 '민주공화제民主共和制'라고 했다. 이는 과거 황제가 통치하던 '제국帝國'에서 백성이 나라의 주인인 '민국民國' 곧 '주권재민主權在民'의 나라를 세운 것이다. 이 같은 변화는 한마디로 '혁명적 변화'가 아닐 수 없다.

이상에서 살펴보았듯 독립선언서는 당시의 우리 역사를 비추는 역사성과 아울러 지금 우리가 견지해도 전혀 어색하지 않을 현재성을 동시에 갖고 있다. 다시 한 번 꼼꼼히 읽으면서 독립선언서가 주는 행간의 의미를 깊이 살펴볼 필요가 있다.

# 진정한 독립을 위하여

반만년의 유구한 우리 역사에서 20세기만을 따로 떼어 규정한다면, 아마도 '국권피침·분단·평화통일 추구'라는 3개 키워드로 정리할 수 있을 것 같다.

우리는 일본과 청나라뿐 아니라 미국, 러시아 등 세계 열강들이 우리나라를 놓고 벌인 노골적인 세력다툼의 틈바구니에서 등을 웅크린 채 옴짝달싹하지 못하는 새우 신세로 20세기를 시작했다. 열강들은 우리 의견은 아랑곳하지 않고 자기들의 이익에 맞춰 우리를 처리했다. 그 결과 우리는 일본 제국주의의 식민지로 전락하는 전대미문의 치욕을 겪었다. 일제의 식민통치가 어떠했는지는 굳이 설명하지 않아도 잘 알 것이다. 하지만 우리 민족이 실제 겪은 일본 식민통치의 악랄함은 상상 그 이상의 것이었다고 역사는 증언한다.

위안부나 강제 징용 노동자 문제만 보아도 그 안에 '인간'은 없었다. 그들은 그냥 식민지 국민일 뿐이었다. 식민지 국민들에겐 목숨을 겨우 부지할 만큼의 밥만 주면 그만일 뿐, 다른 어떤 것도 필요 없었다. 이들이 죽은들 일제는 눈썹 하나 까딱하지 않았다. 이들의 존엄성 운운하는 것은 되레 사치다.

1945년 히로시마와 나가사키에 원자폭탄이 떨어지자 일본이 무조건 항복함으로써 제2차 세계대전이 끝났다. 그리하여 우리나라도 해방됐다. 그러나 해방은 우리에게 기쁨이기보다 또 다른 시련을 알리는 시작이었다.

일본의 무장을 해제한다는 명분으로 미군과 소련(현 러시아)군이 남과 북에 자리 잡았기 때문이다. 미국과 소련은 나름 관할을 분명히 하기 위해서라며 한반도의 허리인 북위 38도를 따라 선을 긋고 그 남쪽에는 미군이, 북쪽에는 소련군이 주둔하기로 했다.

해방과 함께 한반도에서 일제 강점기는 공식적으로 종언을 고했지만 남북 분단은 문제의 해결이 아니라 또 다른 문제의 시작을 알리는 출발점이었다. 전혀 겪어보지도 못하고 일방적으로 당해야 했던 일제의 폭정·탄압과 마찬가지로, 전대미문의 분단체제는 갖가지 부작용의 종합판으로 작용했다. 남과 북은 체제 경쟁을 넘어 적대국으로서 대립하게 되었고, 민족의 역량을 갉아먹는 소모적 대치를 피할 수 없게 되었다.

그런 와중이어서 우리는 일제 강점기의 잔재를 온전히 청산하지 못했다. 청산하지 못한 일제 잔재는 두고두고 역사 발전의 발목을 잡는 걸림돌이 되었다. 특히 친일파 문제는 이 땅 깊숙이 뿌리박힌 고질적 문제로 작용하고 있다. 친일파들은 청산되기는커녕 되레 이승만 정부의 관료로 변신해 우리 사회의 기득권층으로 복귀했다. 친일파를 제대로 청산하지 못한 폐단은 오늘날에도 여전히 대를 이어 우리 사회를 병들게 하고 있다. 혹자는 윗대의 친일에 대한 책임을 그 자손에게까지 묻는 것은 연좌제가 아니냐고 주장한다. 단순히 그렇게만 놓고 보면 그 말이 옳을 수도 있다. 하지만 그 자손들이 누리는 기득권이 그 윗대로부터 고스란히 물려받은 재산과 정신에서 비롯된 것이라면 문제는 달라진다.

식민지와 분단은 우리의 20세기 역사가 낳은 이란성 쌍둥이다. 서로 다른 두 개의 수정란으로 자란 이란성 쌍둥이라 해도 이들 쌍둥이에게 흐르는 DNA는 상당 부분 같다. 식민지와 분단도 그렇다.

지금 우리는 일제 잔재를 청산하고 분단체제를 극복하기 위해 갖가지 노력을 다 하고 있다. 북한이 핵과 미사일 실험을 하면서 남북의 긴장은 임계점에 다다랐다. 북한의 미사일 위력이 미국 본토에 도달할 수 있다는 사실이 확인되면서 미국은 당장이라도 북한을 무력으로 공격할 것 같은 위기감을 키웠다. 더욱이 어디로 튈지 모르는 도널드 트럼프 미국 대통령의 등장하자 우려는 현실로 굳어지는 듯했다.

그러나 다행히도 우리 정부의 적극적인 노력 덕분에 미국과 북한 사이도 많이 가까워졌고, 이에 따라 긴장도 완화되었다. 또 남과 북은 그 어느 때보다 우호적인 관계를 유지하면서 평화시대를 활짝 열어가고자 한다.

이런 일련의 역사적 흐름의 배경에 기미독립선언서가 자리 잡고 있다. 기미독립선언서가 표방한 인권·자유·평등·평화의 가치는 식민시대를 관통하는 정신적 이념으로 기능했고, 해방 후에도 우리 사회의 중요한 가치로 자리매김되었다. 또한 21세기인 지금도 반드시 추구해야 할 최고의 덕목이다.

'인권'은 인류 보편의 가치로, 시공간을 초월해 최우선적으로 존중해야 하는 이념이다. 그럼에도 위안부나 강제동원 노동자의 인권을 참혹하게 유린한 저 일본의 후안무치는 어떻게 설명해야 할까. 엄연한 역사적 사실 자체를 일말의 양심도 없이 부인하는 한 일본은 야만국의 굴레에서 벗어날 수 없을 것이다.

인간이면 누구나 누릴 수 있는 '자유' 또한 중요하다. 하지만 우리 근대사는 마땅히 누려야 할 소중한 가치인 '자유'마저 마음껏 누리도록 허용하지 않았다. 특히 진보와 보수의 이념 대결이 심화되면서 자신의 의견과 맞지 않으면 무조건 딱지를 붙이는 세태가 안타깝다.

'평등' 개념 역시 따로 설명이 필요 없을 만큼 우리 사회를 공정한 사회로 이끌어주는 척도다. 그리고 기미독립선언서를 통해 추구하는 궁극의 목표가 바로 '평화'다. 가정의 평화, 나라의 평화, 세계의 평화 그리고 인류의 평화는 우리 모두가 지향해야 할 지고지선의 가치다. 이런 점에서 기미독립선언서는 여전히 우리가 읽고 그 가치를 계승하고 실천해야 하는 정신을 담고 있다 할 것이다.

지금까지 기미독립선언서가 어떻게 기획되고, 준비되고, 선언되었는지를 살펴보았다. 거듭 말하지만 학자가 아닌 저널리스트 입장에서 나는 독립선언서와 관련한 자료를 수집, 정리하여 맞춤한 한 권의 책으로 썼다. 그 과정에서 나는 많은 것을 느꼈다.

첫째, 독립선언서에 대한 우리의 상식이 매우 얕다는 점이다.

누구나 학창 시절에 독립선언서쯤 외우는 것을 당연시 여겼던 터여서 필자 역시 독립선언서에 대해 많이 알고 있다고 생각했다. 하지만 실제 상황은 그렇지 않았다. 독립선언서의 종류만 해도 100종이 넘고, 우리가 독립선언서의 연관검색어로 여기는 '기미독립선언서' 말고도 '대한독립선언서'나 '2·8 독립선언서'(이 세 가지를 '3대 독립선언서'라고 부른다)도 매우 특별하고 소중하다는 생각을 가져보지 못했다.

아마도 독자들 역시 '대한독립선언서'에 대해서는 거의 들어보지 못했을 것이고, 2·8 독립선언서는 일본 유학생들이 선언한 것으로 이광수가 기초했다는 정도는 알겠지만, 그것이 상식의 전부일지 모르겠다. 하지만 이 선언서들도 기미독립선언서 못지않게 매우 중요하다. 어느 하나만 따로 떼어서 읽으면 온전하게 이해할 수 없다. 적어도 이 세 가지 선언서를 일직선상에 올려놓고 그 흐름까지 읽어내야 제대로 이해할 수 있다.

둘째, '들어가는 말'에서 장황하게 언급한 '민족대표는 당대사 관점으로 서술한다'는 방식이 올바른 선택이었다는 점이다.

이것은 민족대표 33인 가운데 나중에 친일파로 변절한 인사들이 있다는 문제 때문에 고민한 끝에 한 결정이었다. 이광수가 변절했다고 해서 2·8 독립선언서의 정신이 훼손되는 것도 아니고, 최남선이 훼절했다고 해서 기미독립선언서가 친일 선언서가 되는 것은 아니잖은가.

나는 애초 그들(변절자)이 독립선언을 준비하고 선언하기까지 일련의 과정에서 보여준 진정성은 추호도 의심하지 않겠다고 했었다. 그랬다. 자료를 읽다 보면 어느 누구도 민족의 뜻에 거슬러 위장하지는 않았다는 것을 알 수 있었다. 확신이 들었다. 다만 나중의 변절은 당시의 독립운동과 별개의 문제로 접근하는 것이 옳다고 본다.

셋째, 여기에 담지 못한 얘기도 많다는 점이다.

민족대표만 해도 33인이 아니라 실은 48인이라는 주장도 있고, 이 사실을 사진에 담아서 세계에 알려 34번째 민족대표라고 칭송받는 캐나다 선교사 출신 석호필F. W. Schofield(1889~1970) 같은 이도 있다.

하지만 이렇게 하다 보면 한도 없고 끝도 없을 것 같아서 나는 과감하게 33인으로 한정해서 다루었다. 그렇지만 특히 함태영咸台永(1873~1964)은 아쉬움이 있다. 독립선언서에 서명을 거부한 것이 아니라 민족대표의 가족을 보살피고 뒷일을 담당하기 위해 그랬던 것인데, 서명하지 않았다는 이유로 별다른 주목을 받지 못한 것이 사실이다. 물론 그는 태화관 독립선언식에 참석했고, 이 일로 3년의 옥고를 치르기도 했다.

여기서 잠깐, 아쉽게도 독립선언서의 민족대표 명단에는 빠졌지만 당시 매우 중요한 역할을 했던 분들의 이름이라도 언급하고 넘어가려고 한다.

당시 중앙학교 교사로 있으면서 배후에서 활동했던 송진우宋鎭禹(1890~1945), 자금 조달을 담당했던 박인호朴寅浩(1854~1940), 중앙학교 교장이었던 현상윤玄相允(1893~1950), 자금 조달을 담당했던 노헌용盧憲容(1866년~?), 황해도 곡산에서 시위를 주도한 이경섭李景燮(1874~?), 미국 대통령에게 보내는 탄원서를 갖고 있다가 체포된 김지환金智煥(1892~1972), 학생대표로 활동하며 학생시위를 주도한 강기덕康基德(1886년~?), 강기덕과 함께 학생시위를 주도한 김원벽金元璧(1894~1928), 최남선이 기미독립선언서를 집필할 때 집을 빌려주고 또 일본 총리 등에게 독립선언서 등을 우송하는 책임을 맡은 임규林圭(1867~1948), 경기도·충청도 등지에서 활동하던 김세환金世煥(1889~1945), 이승훈과 함께 활동한 안세환安世桓(1892~1927), 이경섭과 함께 황해도 곡산 시위를 주도한 한병익韓秉益(1895~1982), 독립선언서를 인쇄했던 보성사 공장장 김홍규金弘奎(1874~?), 기독교 측과 천도교 측 사이의 연락책으로 활동한 김도태金道泰(1891~1956) 등이 민족대표 48인에 들어간다.

나는 이 책을 쓰면서, 처음에는 학계에서 회자되는 다양한 주장을 대거 포함하겠다고 생각했다. 그러나 그렇게 하기에는 현실적으로 어려움이 많았다. 자료를 수집해 읽어보면서 각각의 주장을 꼼꼼하게 살펴보았는데, 정교하게 다듬어졌다기보다는 편린과 같은 논거에 근거한 주장이라는 인상을 지울 수 없는 경우가 많았다. 이에 그 주장을 핵심 주장으로 삼거나 설득력 있는 또 다른 주장으로 다루기에는 한계가 있었다. 자칫 독립운동사 연구 동향에 관한 글이 될지도 모른다는 우려가 생겼다. 이 책은 독립선언서에 대한 상식과 교양을 담겠다는 기획의도에 충실해야 한다는 당위도 강하게 작용했다. 이에 나는 필요한 경우엔 다른 의견도 함께 쓰기는 했지만 대체로 학계의 통설을 따라 서술했음을 밝힌다.

독립선언서는 지금 읽어도 우리의 가슴을 뛰게 한다. 작금에 펼쳐지는 국내외적 상황이 중첩되면서 그 의미가 더욱 절실하게 와닿기도 한다. 어떻게 보면 독립선언서쯤은 잘 몰라도 오늘을 살아가는 데 불편함을 느끼지는 않는다. 그러나 지금 우리가 딛고 서 있는 이 땅이 그렇게 호락호락하게 역사를 지켜온 것이 아니라는 점을 인식할 때 삶의 의미는 다르게 다가온다. 비장함까지 가질 필요는 없다. 다만 당시의 정확한 역사 인식에 바탕해 오늘과 내일의 좌표를 찍는 것이 그나마 우리가 헤매지 않고 제대로 미래로 나아갈 수 있다는 점을 의식하자.

이제 우리는 기미독립선언서에서 비롯되어 대한민국 임시정부로 출발한 '대한민국의 100년'이 '평화의 100년'으로 넘어가는 과도기에 서 있다. '동양평화의 길이 세계평화의 길'이라는 정신은 기미독립선언서가 지금 이 땅의 우리에게 주는 준엄한 역사 교훈이다.

폭력과 억압에 굴하지 않고 조국의 독립을 위해 목숨 걸고 투쟁했던 독립운동가들의 애국정신, 희생정신은 낡은 유물이 아니라 오늘에 되살려 내일의 발전을 이루는 디딤돌이 되어야 한다.

"우리가 과연 진정한 독립을 이루었는가?"라는 질문은 질문 자체가 진부할지라도 여전히 우리에겐 남다른 의미로 다가온다. 분단된 조국을 평화의 한반도로 전환하는 과정에서 목격하는 미국과 중국 등 강대국들의 행태는 물론이거니와, 이들의 '승인' 없이 할 수 있는 게 아무것도 없을 듯한 좌절감 또한 우리를 옥죈다.

하지만 100년 전 독립운동가들이 독립을 쟁취하는 것이 목적이었듯 지금의 우리는 평화가 이룩된 나라를 만들 의무가 있다. 그 의무를 다하기 위해서 해야 할 일이 무엇인지는 우리가 다 알고 있다.

문제는 실천이다. 평화의 길은 입으로만 주어지는 것이 아니다. 실천해야만 비로소 완성된다. 이것이 바로 기미독립선언서를 오늘에 다시 읽고 그 정신을 되살려야 하는 이유 아닐까.

기미독립선언서에 관한 Q & A

3·1 독립운동(1919) 연표

기미독립선언서 유적지 답사길

## 기미독립선언서에 관한 Q & A

- **3대 독립선언서는 무엇인가?**

대한독립선언서, 2·8 독립선언서, 기미독립선언서

- **독립선언은 왜 1919년 3월 1일에 발표했는가?**

민족대표들은 당초 고종의 인산날인 3월 3일을 거사일로 잡았다. 하지만 장례식을 보려고 많은 사람들이 모일 것이므로 자칫 불상사가 일어날 것을 우려해 3일 전후를 놓고 논의했다. 그 결과 2일이 적당하다고 의견이 모아졌으나 마침 2일이 일요일이라 기독교 측이 난색을 표해 1일로 정했다.

- **독립청원서가 아닌 독립선언서로 해야 한다고 주장한 사람은?**

기독교 측에서 독립청원서 형식으로 하자는 제안이 있었지만 천도교 측에서 청원서는 민족자결의 의미가 없기 때문에 독립의 의지와 당위성을 내외에 선포하려면 선언서로 해야 한다고 주장했다. 이에 최린이 기독교 측에 이 내용을 전달했다.

● 기미독립선언서를 누가 썼는가?

기미독립선언서 작성은 천도교 측에서 맡기로 해서 최린이 최남선에게 작성하도록 부탁했다. 최남선은 의심을 덜 받기 위해 임규의 일본인 아내 집에서 광고전단지 이면을 사용해 초안을 기초했다. 공약삼장은 불교계 인사인 한용운이 맡았다.

● 기미독립선언서는 어디에 배포되었는가?

기미독립선언서는 전국 방방곡곡에 배포되어 독립선언과 독립운동이 지속적으로 전국에서 일어날 수 있도록 하는 구심점 역할을 했다.

● 기미독립선언서는 누가 낭독했는가?

3월 1일 기미독립선언서 낭독식은 태화관과 파고다공원 두 곳에서 거행되었는데, 민족대표들이 참석해 행사를 가진 태화관에서는 기미독립선언서를 낭독하지 않았다. 다만 파고다공원에서는 민족대표들이 오기를 기다리다 태화관에서 따로 행사를 한다는 얘기를 듣고 누구라도 기미독립선언서를 낭독해야 된다는 생각에서 경신학교를 졸업한 정재용이 팔각정 위로 올라가 기미독립선언서를 낭독했다.

## ● 기미독립선언서에 가장 많이 나오는 단어는?

기미독립선언서는 모두 1,762자로 쓴 국한문혼용체로, '민족'이란 단어가 12번으로 가장 많이 나온다. '독립'은 3번 나온다.

## ● 기미독립선언서의 구성은?

• 서론: 독립선언의 취지와 배경, 정당성

• 본론 - 일제 강점에 의한 민족적 피해

- 독립 쟁취의 필요성과 신념
- 우리의 입장과 소임
- 조선 독립의 의의

• 결론: 독립 기운의 도래와 우리의 결의

• 부칙: 공약삼장(행동강령)

- **기미독립선언서의 표현 방법은?**

  객관적 사실에 기초해서 서술했고, 장엄하고 웅변적이며, 영탄법·대구법·열거법·점층법 등의 수사법을 적절하게 사용했다.

- **기미독립선언서의 문체는?**

  국한문혼용체, 문어체, 의고체, 강건체, 만연체 등

- **3대 독립선언서의 특징은?**

  • 대한독립선언서: 인류의 평등과 민족의 평등

  • 2·8 독립선언서: 정의와 자유

  • 기미독립선언서: 정의와 정도

## 3·1 독립운동(1919) 연표

| | | |
|---|---|---|
| ■ | 1월 20일 | - 천도교, 독립운동 전개 의견 모음 |
| ■ | 1월 22일 | - 고종 황제 승하 |
| ■ | 1월 26일 | - 김원벽, 학교별 대표급 학생 9명 회합 주선 |
| ■ | 1월 27일 | - 박희도, 학교대표 다시 밀회 |
| ■ | 2월 1일 | - 대한독립선언서 상하이에서 발표 |
| | | - 신한청년당 회원 각지로 파견 (김규식 파리, 장덕수 도쿄, 김철 서울, 선우혁 선천, 여운형 러시아) |
| ■ | 2월 7일 | - 송진우, 최린 주선으로 천도교와 비종교계 간 연합 추진키로 하고 김도태 등 이승훈(기독교)에게 밀파 |
| ■ | 2월 8일 | - 2·8 독립선언서 도쿄에서 발표 |
| ■ | 2월 10일 | - 최린, 한용운에게 독립운동 참가 제안 |
| ■ | 2월 11일 | - 이승훈·송진우, 기독교와 천도교 함께 독립운동을 하기로 합의 |
| ■ | 2월 12일 | - 이승훈, 선천에서 목사 양전백 만남 |

| | | |
|---|---|---|
| ■ | 2월 14일 | - 이승훈이 위장 입원하여 길선주와 신홍식 등과 만나 참가 동의 |
| | | - 이갑성, 전문학교 학생대표와 회합 |
| ■ | 2월 16일 | - 평양의 장로교와 서울의 감리교 연합 위해 이승훈과 신홍식 상경 |
| | | - 천도교 측 미온적 태도에 연합 추진을 중단하고 기독교 단독 추진하기로 함 |
| ■ | 2월 20일 | - 감리교 파는 박희도 집에서, 장로교 파는 함태영 집에서 각각 회합 |
| | | - 학생 대표 승동교회에서 간부회의 |
| ■ | 2월 21일 | - 기독교 감리교 파와 장로교 파 의견 합의 |
| | | - 최남선, 이승훈 은신처 전격 방문 (미온적 입장 사과 및 최린과 회동 제안) |
| | | - 이승훈, 최린과 회동 (천도교와 함께하기로 잠정 합의) |
| | | - 기독교 측 이갑성 집에서 확대회의 개최 |
| ■ | 2월 22일 | - 이승훈·함태영·최린 3자 회동(최린, 독립청원 아닌 독립선언으로 하자고 제안) |

| | | |
|---|---|---|
| ■ | 2월 24일 | - 천도교와 기독교 연합하기로 최종 합의 |
| | | - 최린, 한용운에게 합의 사실 전달하고 불교계 참여 요청 |
| ■ | 2월 25일 | - 천도교 측 민족대표 15인 선정 |
| | | - 학생 대표들 이필주 목사 사택에서 회합(천도교·기독교 운동에 동참키로 결정) |
| ■ | 2월 26일 | - 기미독립선언서 초안 승인 (최남선 기초, 공약삼장 한용운 작성) |
| ■ | 2월 27일 | - 기미독립선언서 민족대표 서명(최린 집) |
| | | - 보성사 기미독립선언서 2만 1,000매 인쇄 |
| | | - 현순 미국 대통령과 파리 강화회의에 보낼 독립청원서 등 휴대하고 상하이로 출발 |
| | | - 안세환 일본 내각에 제출할 독립청원서 휴대하고 도쿄로 출발 |
| ■ | 2월 28일 | - 손병희 집에서 최종 회의 (민족대표 25명 참석) |
| | | - 독립선언서 1만 매 추가 인쇄 |
| ■ | 3월 1일 | - 태화관과 파고다공원에서 기미독립선언서 발표 |

# 기미독립선언서 유적지 답사길

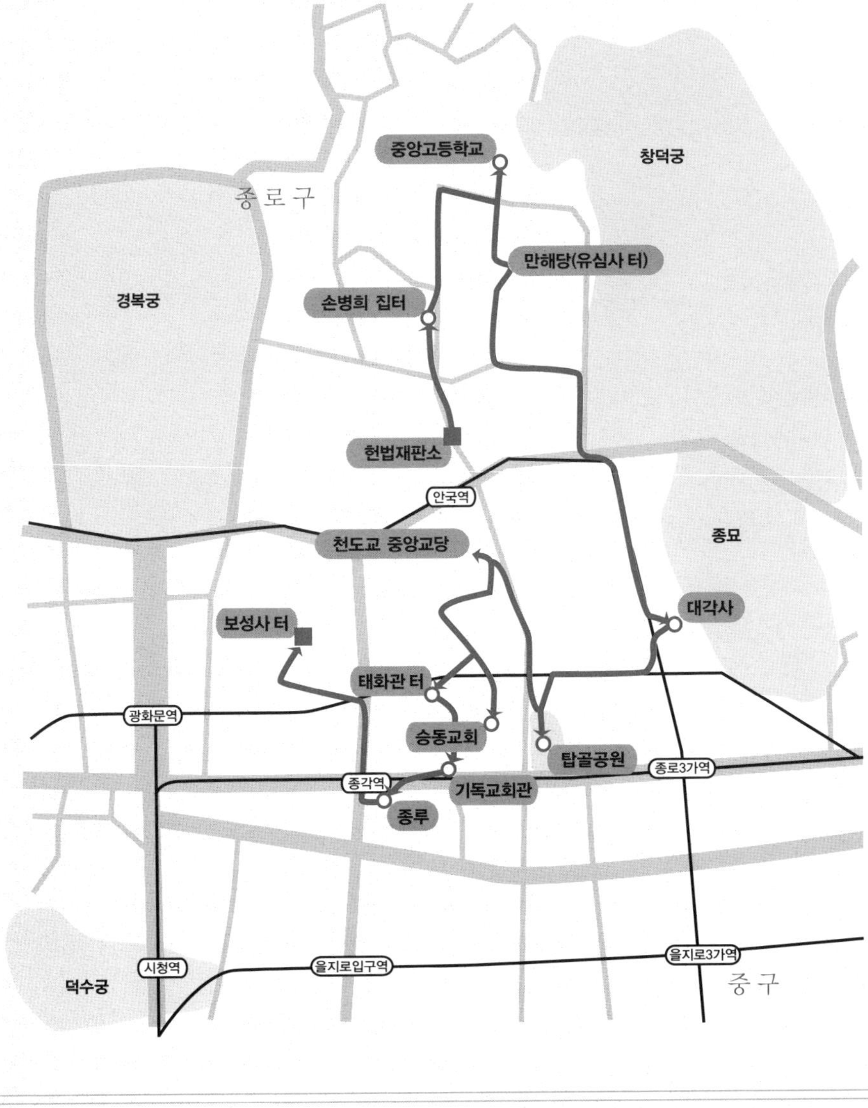

100년 후에 다시 읽는
**독립선언서**

**지은이** 조성일

**펴낸곳** 도서출판 창해
**펴낸이** 전형배

**출판등록** 제9-281호(1993년 11월 17일)
**1판 1쇄 인쇄** 2019년 2월 20일
**1판 1쇄 발행** 2019년 2월 25일

**주소** 서울시 마포구 토정로 222(신수동 448-6)
한국출판콘텐츠센터 401호
**전화** 02-333-5678
**팩스** 070-7966-0973
**E-mail** changhae@changhae.biz

ISBN 978-89-7979-178-3 03910


「이 도서의 국립중앙도서관 출판예정도서목록(CIP)은
서지정보유통지원시스템 홈페이지(http://seoji.nl.go.kr)와
국가자료공동목록시스템(http://www.nl.go.kr/kolisnet)에서
이용하실 수 있습니다.(CIP제어번호: **CIP2019006140**)」